GEORG FRANZ-WILLING

„BIN ICH SCHULDIG?"

*Leben und Wirken des
Reichsstudentenführers und Gauleiters Dr. Gustav Adolf Scheel
1907–1979*

Eine Biographie

GEORG FRANZ-WILLING

„BIN ICH SCHULDIG?"

*Leben und Wirken des
Reichsstudentenführers und Gauleiters
Dr. Gustav Adolf Scheel
1907–1979*

Eine Biographie

DRUFFEL-VERLAG
LEONI AM STARNBERGER SEE

Schutzumschlag: H. O. Pollähne

Bilder: Archiv der Familie

Internationale Standard-Buchnummer
ISBN 3 8061 1053 0

1987

Alle Rechte vorbehalten
Gesamtherstellung: Landsberger Verlagsanstalt, Landsberg am Lech

Inhaltsverzeichnis

Vorwort 7

Elternhaus, Kindheit, Jugend, Studium 9

Studentenführer Heidelberg, Reichsstudentenführer 12

Nationalsozialistischer Studentenbund (NSDStB) 18

Tätigkeit als Reichsstudentenführer 26

Kriegszeit: SD-Einsatz im Elsaß und im Reich 40

Gauleiter in Salzburg (1941–1945) 49

Die Jahre der Inquisition 69

Die Naumann-Angelegenheit 73

Ausklang 76

Schlußbetrachtung 78

Quellen- und Literaturverzeichnis 81

Abkürzungsverzeichnis 82

Dokumenten-Anhang 83

Anhang 149

Personen-Verzeichnis 151

Vorwort

Die Quellen für die Lebensbeschreibung Dr. Gustav Adolf Scheels beruhen auf dem Aktenbestand des Landesarchivs Salzburg und den von der Witwe gesammelten Unterlagen. Frau Elisabeth Scheel hat dem Verfasser den Zugang zu den Akten im Salzburger Landesarchiv ermöglicht und großzügigerweise das umfangreiche privat gesammelte Quellenmaterial zur Verfügung gestellt. Das einschlägige Schrifttum wurde nach Möglichkeit erfaßt und ausgewertet.

Für freundliche Unterstützung habe ich außerdem der Leiterin des Salzburger Landesarchivs, Frau Dr. Friederike Zaisberger, ferner Herrn Professor Dr. Dr. E. G. Schenck, Aachen, und Herrn Kapitän z. S. Dr. Paul Heinsius, Hamburg, zu danken.

Die Biographie kann dank des verständnisvollen Entgegenkommens des Verlags zum 80. Geburtstag des am 22. November 1907 Geborenen und im Jahre 1979 Verstorbenen erscheinen.

Der Lebenslauf des Reichsstudentenführers und Gauleiters Dr. Scheel spiegelt das Schicksal der deutschen studentischen Jugend in der ersten Hälfte des zwanzigsten Jahrhunderts wider.

Überlingen im Sommer 1987

Elternhaus, Kindheit, Jugend, Studium

Gustav Adolf Scheel wurde als Sohn eines evangelischen Pfarrers am 22. November 1907 in Rosenberg (Großherzogtum Baden) geboren. Die Atmosphäre des evangelischen Pfarrhauses der monarchischen Zeit prägte seine Kindheit und Jugend. Seine Eltern stammten aus Elberfeld, damals eine Hochburg des westdeutschen Protestantismus. Dort wuchs sein in Schwerte/Westf. geborener Vater als Sohn eines Eisenbahnbeamten und einer Pfarrerstochter (geb. Schulze) auf. Er studierte Theologie und trat 1905 in den badischen Kirchendienst ein. Seit 1907 Pfarrer in Rosenberg, heiratete er ebenfalls eine Elberfelderin (geb. Tillmanns). Der Ehe entsprossen vier Kinder, als ältestes der Sohn Gustav Adolf und nach ihm drei Töchter (geb. 1909, 1911, 1921).

Trotz der bescheidenen Lebensverhältnisse wuchs Gustav Adolf in einer lebensfrohen Umgebung auf, geprägt von der heiteren Lebensart seiner rheinländischen Mutter und vom väterlichen Vorbild an Charakterstärke, persönlicher Integrität und innerer Ausgeglichenheit. Das Familienleben war voll Harmonie, das Verhältnis unter den Geschwistern sehr herzlich. Die Aufnahme von Schülern ins Pfarrhaus zur Aufbesserung des schmalen Pfarrergehalts förderte Geselligkeit und jugendlichen Frohsinn.

1912 wurde Pfarrer Wilhelm Scheel nach Bötzingen a. K. versetzt; dort kam er in Verbindung mit der Inneren Mission. Seine beiden Brüder fielen im Ersten Weltkrieg als Offiziere, beide mit dem EK I ausgezeichnet. Eine weitere berufliche Lebensstation war Tauberbischofsheim; von dort erfolgte die erwünschte Berufung an das Diakonissen-Mutterhaus in Mannheim. Der Sohn Gustav Adolf gehörte bereits in Tauberbischofsheim einem Bibelkreis an, einer evangelisch kirchlich gebundenen Jugendgruppe, die unter dem „Balkenkreuz" ursprünglich zur Pfadfinderbewegung zählte. Von Mannheim aus leitete Gustav Adolf eine Jugendgruppenfahrt an die Jagst und sang mit seinen Kameraden bei den Bauern um Brot. Frühzeitig trat er der „Deutschen Freischar", dem späteren „Großdeutschen Jugendbund", bei. Er unternahm mit seinen Kameraden Fahrten in die Alpen, wo sie in Zelten übernachteten.

Als Student lernte Gustav Adolf auch Österreich kennen. Die übernationale habsburgische Reichsidee beeindruckte ihn stärker als der preußische Staatsgedanke. Sein Gemeinschaftssinn war nicht auf Gegensätze, sondern auf Zusammenarbeit der einzelnen Jugendgruppen gerichtet. Deshalb stand er dem von der Linken gepredigten Klassenhaß scharf ablehnend gegenüber.

1928 legte er im Alter von knapp 21 Jahren die Reifeprüfung ab und bezog noch im gleichen Jahr die Heidelberger Universität. Er studierte zunächst Jura, Volkswirtschaft und Theologie mit dem Ziel, Sozialpfarrer zu werden. Im zweiten und dritten Semester belegte er in Tübingen wieder Theologie und Volkswirtschaft sowie Chemie, und zwar in der Absicht, auf Medizin umzusatteln. Mit vierzehn anderen Pfarrerssöhnen gehörte er dem Verein Deutscher Studenten, einer deutschnationalen, damals schlagenden Verbindung an. Seine sportliche Haltung, seine Redegewandtheit, sein kameradschaftlicher Sinn gewannen ihm die Herzen der Kommilitonen. So wurde er von den Bundesbrüdern bald zum Erstchargierten gewählt. Der Deutschen Studentenschaft gehörte er seit 1928 an. In Tübingen legte er noch das Hebraicum ab, um seinen Vater von seinem Fleiß zu überzeugen.

Dann aber wechselte er endgültig zur Medizin über. Er hatte ursprünglich evangelischer Pfarrer werden wollen; da er jedoch zu der Überzeugung gelangt war, daß ihm die innere Berufung zum Theologen fehlte, wie er sie in seinem väterlichen Vorbild sah, hatte er den Wechsel zur Medizin vollzogen.

Im Jahre 1930 nahm er das Medizinstudium in Heidelberg auf und trat im gleichen Jahre in die NSDAP und in die SA ein. Seine Professoren, mit denen er auch in der politischen Gesinnung übereinstimmte, waren Krehl, Wagemann, Endemann und Hoops. Im ASTA gehörte er zur Liste der Korporationen. 1931 einstimmig, auch mit den Stimmen der Kommunisten, zum Vorsitzenden gewählt, wurde er 1932 Kreisführer Südwest der Deutschen Studentenschaft. In den Semesterferien arbeitete er als Famulus im Diakonissenkrankenhaus in Mannheim.

Er nahm entschieden gegen den pazifistischen Professor Gumbel Stellung, ebenso gegen kommunistische Studenten. Gumbel trat er wegen seiner abfälligen Äußerungen über die deutschen Soldaten entgegen;[1] dennoch lehnte Scheel gewaltsames Vorgehen jeder Art gegen Professoren, Dozenten und politisch anders gesinnte Studenten grundsätzlich ab. Diese Einstellung brachte er schon im Jahre 1933 immer wieder bei den Amtsleitersitzungen zum Ausdruck.[2]

Seine unvoreingenommene und antidoktrinäre Gesinnung wie sein persönlicher Mut, wider den parteiamtlichen Stachel zu löcken, spricht u. a. auch daraus, daß er als Studentenführer am Grabe des jüdischen Gelehrten Gundolf einen Kranz niederlegte.[3)]

Anmerkungen

1) Gumbel war schon 1920 aus dem Extra-Ordinarien-Verband ausgeschlossen worden. 1925 hatte ihm der Senat die menschlichen Qualitäten abgesprochen, 1932 wurde er aufgrund einer Mehrheitsentscheidung des Senats entlassen. Auch im Ausland war Gumbel unangenehm aufgefallen. Scheel war an Ausschreitungen im Zusammenhang mit den Anti-Gumbel-Kundgebungen nicht beteiligt.
Dorothea Mußgnug: Die Universität Heidelberg zu Beginn der nationalsozialistischen Herrschaft, in: „Semper Apertus. Sechshundert Jahre Ruprecht-Karls-Universität Heidelberg 1386–1986. Festschrift in sechs Bänden." Bd. III, Das zwanzigste Jahrhundert 1918–1985, Berlin 1986, S. 464 ff., betrifft die Liste zu exmatrikulierender Studenten, S. 473.
2) Eidesstattl. Erklärung v. Dr. Fritz Spitz v. 1. Dezember 1948, PrASch.
3) Eidesstattliche Erklärung von Dr. habil. G. A. Jekel v. 18. März 1948, PrASch.

Der Studentenführer Heidelberg – Schutz der Kirchen aus christlich-ökumenischer Haltung

Der evangelische Pfarrerssohn praktizierte eine echt christlich-ökumenische Haltung bereits als Heidelberger Studentenführer *vor* 1933. An der Akademischen Speisehalle der Universität Heidelberg, 1920 vom damaligen Rektor Prof. Dr. Hoops gegründet, waren katholische Schwestern beschäftigt, weil evangelische Schwestern nicht zu haben waren. Sie bewährten sich ausgezeichnet. Die Beschäftigung dieser katholischen Schwestern im überwiegend evangelischen Heidelberg brachte Angriffe von Studenten. Scheel als Studentenführer der Universität Heidelberg stellte sich auf die Seite des Rektors für die Beibehaltung der katholischen Schwestern. Daher konnte der Rektor die erwähnten Angriffe abwehren und die Schwestern weiterhin beschäftigen. Die Haltung Scheels als evangelischer Pfarrerssohn in dieser Angelegenheit ist ein Beweis seiner Toleranz und seiner ökumenischen Einstellung.

Bei der Einweihung der neuen Universität, die teilweise mit amerikanischen Geldmitteln erbaut worden war, ließ Scheel zu Ehren des amerikanischen Botschafters Schurmann im Jahre 1932 einen Fackelzug veranstalten. Schurmann selbst zählte diese Ehrung zu seinen schönsten Erlebnissen in Deutschland.

Scheels Einstellung zu Christentum und Kirche blieb zeitlebens vom väterlichen Pfarrhaus geprägt. So äußerte er sich später, 1941, zu einem evangelischen Theologie-Professor: „Mich jedenfalls wird die Erinnerung an meinen Vater verhindern, jemals etwas gegen die Kirche und gegen das Christentum mitzumachen."[1] Noch als Heidelberger Studentenführer rettete er das evangelische Schülerheim „Friedrichsstift" vor dem Zugriff der Partei.

Vorbehaltlos trat er dann als Reichsstudentenführer, als hoher SS-Führer und als Gauleiter für die Belange der Kirchen und des Christentums gegen alle Angriffe von Parteiseite ein.[2] Als bei der Auflösung der Korporationen auch die „Deutsche Christliche Studentenvereinigung" aufgelöst wurde, erreichte er, daß der „Altfreunde-Verband" der DCVS unter neuem Namen seine Tätigkeit fortsetzen konnte und das Tübinger DCVS-Haus in Besitz und Verfügungsrecht der Kirche überging.

Scheel setzte sich in zahllosen Fällen für Juden und Halbjuden ein, ebenso für politisch „Unzuverlässige", von der Gestapo Bedrohte oder schon Verhaftete, aber auch für Behinderte, denen aufgrund der geltenden Bestimmungen wegen körperlicher Mängel das Studium unmöglich gemacht wurde. In der Mehrzahl der Fälle glückte es ihm aufgrund seiner hohen Stellung, den betreffenden Personen zu helfen. So wurde über einen infolge zerebraler Kinderlähmung schwer Behinderten ein Studienverbot verhängt, weil er den Anforderungen des Ausgleichsdienstlagers nicht Genüge leisten konnte. Dr. Scheel erwirkte die Aufhebung des Studienverbotes und ermöglichte dem Betreffenden die Fortsetzung und Vollendung des Studiums.[3] Zusammen mit dem damaligen Rektor, Prof. Schmitthenner, trat er für Prof. Jaspers (Mischehe) mit Erfolg ein, ebenso für Prof. Künsberg (Mischehe) sowie für die Professorenwitwen Waldberg und Goldschmidt.[4] Ebenso verwandte er sich für Prof. Thielicke. Dieser berichtet u. a.: „Ein Redner der Reichsstudentenführung hat seinerzeit bei einer großen Heidelberger Kundgebung in unflätiger Weise die Theologen beleidigt und sie aus der Gemeinschaft des deutschen Volkes ausgeschlossen. Unsere Studenten haben damals auf meine Veranlassung dagegen tatkräftig protestiert und sind zu Dr. Scheel gefahren, um die Beleidigung wiedergutmachen zu lassen. Daraufhin mußte auf Anordnung Scheels bei mehreren öffentlichen Anlässen diese Beleidigung zurückgenommen werden; die Theologen wurden rehabilitiert. Mir ist nicht bekannt, daß es im dritten Reich je sonst vorgekommen wäre, daß ein höherer Parteiführer in der Öffentlichkeit die Rückziehung einer solchen Maßnahme befohlen hätte..."[5]

Scheel begrüßte den Umschwung des Jahres 1933, weil er sich die Überwindung der Klassenspaltung und der Arbeitslosigkeit erhoffte. Er nahm den Programmpunkt der NSDAP „Gemeinnutz vor Eigennutz" im Sinne eines „positiven Christentums" ernst und handelte sein Leben lang danach. Er übernahm im Jahre 1934 das Amt des Kreisführers der Deutschen Studentenschaft und des Gaustudentenbundsführers.[6] Wegen seiner studentischen Ämter wurde er jedoch von der Dienstleistung in der SA befreit. Trotz seiner starken politischen Inanspruchnahme legte er sein medizinisches Examen mit „summa cum laude" ab und machte seinen medizinischen Doktor mit „magna cum laude".[7] Nach dem Examen trat er als Medizinalpraktikant in die Krehl-Klinik ein.

In den Jahren seiner Heidelberger Tätigkeit hatte sich Scheel erfolgreich um den sozialen Einsatz der Studenten bemüht, vorbildlich für die Studentenschaft im ganzen Reich. So wurde auf seine Initiative hin ein Fabrikdienst und ein Landdienst der Studenten eingerichtet.[8]

Der Fabrikdienst wurde von Studenten als ehrenamtliche Tätigkeit vier Wochen während der Semesterferien geleistet, um Arbeitern einen zusätzlichen bezahlten Urlaub zu ermöglichen. Die Heidelberger Studenten entrichteten außerdem einen Pflichtpfennig, der dazu diente, den Arbeitern den Urlaub zu verschönern. An der Heidelberger Universität wurde durch Scheels Wirken vorbereitet, was er später als Reichsstudentenführer durchzuführen suchte: Verwirklichung des sozialen Gedankens durch Überwindung der Klassenspaltung, Heranbildung der Studenten und Akademiker zu volksverbundenen Führern durch vorbildlichen Einsatz für den sozial Schwächeren, lebendiger kameradschaftlicher Kontakt der Studenten zu Arbeitern und Bauern.

Seiner Auffassung des Sozialismus hatte der Heidelberger Studentenführer 1934 mit folgenden Worten Ausdruck verliehen:[9]

„Der wahre Sozialismus ist das Christuswort: ‚Siehe, ich bin bei euch alle Tage'. Der Umgang und die Begleitung des Freundes, die Arbeit am kleinsten Manne, der rein äußerlich für das Leben des Staates gar keine Bedeutung hat, ist die Pflicht des einzigen Sozialismus, den wir vorläufig Studierenden augenblicklich erfüllen können."

Ebenso hatte sich Scheel in Heidelberg für eine fruchtbare Neugestaltung der wissenschaftlichen Arbeit eingesetzt. Die Marschroute für die Fachschaftsarbeit der Heidelberger Studentschaft lautete:

„Überwindung des an der Hochschule sich vorfindenden Spezialistentums, das sich in den Jahren des Zerfalls und der Schwäche breitgemacht hatte, und Sprengung und Beseitigung drückender Fesseln enger fachlicher Grenzen, die in der fachwissenschaftlichen Arbeit das Blickfeld immer mehr verengten, und Aufrichtung und Neuformung einer ganzheitlichen Wissenschaftsauffassung, in der die Wissenschaft keine leblose, erstarrte Materie sein sollte, die auf bloßen Schemen im leeren Raum aufgebaut nur um ihrer selbst willen da war, sondern in der wissenschaftlichen Tätigkeit eine Art des Dienstes an Volk und Nation darstellte, indem die wissenschaftliche Arbeit zu ihrem eigentlichen Ausgangspunkt zurückgeführt wurde: den Fragen und Forderungen des völkischen Lebens, auf die sie zu antworten und die sie zu erfüllen hatte. Darüber hinaus galt es für die ganze Hochschule, die Abgeschlossenheit und Abgegrenztheit allem wirklichen Leben gegenüber zu überwinden und zu beseitigen und die Hochschule in ihrer Gesamtheit wieder hineinzustellen in das Leben des Volkes und sie zu dem zu machen, was sie eigentlich sein sollte: Erziehungsstätte und Führerschule der besten charakterlichen und fachlichen Kräfte der Nation, die dereinst nach beendetem Studium berufen und dazu in der Lage sein sollten, die Führer und Unterführer des nationalsozialistischen Staates zu werden".[10]

Für die geplante nationalsozialistische Wissenschafts- und Hochschulreform, deren führender Verfechter der bedeutende Pädagoge Ernst Krieck war, bot die Heidelberger Universität wohl die günstigsten Voraussetzungen. „Schon vor Kriecks Berufung standen hier einige ehrgeizige und geistreiche Aktivisten des Nationalsozialistischen Studentenbundes bereit, Kriecks Gedankengut aufzunehmen, auf lokaler Ebene zu praktizieren und später weiterzutragen, als unter Leitung des 1934 in Heidelberg promovierten Mediziners Gustav Adolf Scheel ab 1937 die Reichsstudentenführung nahezu ausschließlich von ehemaligen ‚Heidelbergern' besetzt war."[11]

Die Heidelberger Universität verlieh Scheel für seine Verdienste um die Studenten und die Universität zu seinem Geburtstag am 22. November 1935 — Scheel wurde 28 Jahre alt — „die Würde eines Ehrensenators der Universität Heidelberg als Zeichen des Dankes, der Treue und der dauernden Gemeinschaft", weil er „als Student den Sieg des Nationalsozialismus an dieser Hochschule vorbereitet und erkämpft hat", „als Studentenschaftsführer mit der Lauterkeit seines Charakters, mit der Vorbildkraft seiner Haltung, mit dem Ernst seiner Arbeit allen voranging", „als Senator unermüdlich und treu seiner Universität gedient hat" im schweren und verantwortlichen Werke ihres Neubaues im nationalsozialistischen Geiste."[12]

Ein Erlebnis auf einem SA-Fest in Heidelberg war vermutlich ausschlaggebend für Scheels Eintritt in die SS im Jahre 1935. Er legte im gleichen Jahre seine studentischen Ämter nieder und übernahm eine völlig neue Aufgabe. Er erwartete von der SS mehr Verständnis für die Wissenschaft und sah in ihr eine Möglichkeit zum Kampf gegen die Vermassung. Professor Reinhard Höhn gewann ihn für den Eintritt in den Sicherheitsdienst. Die 1931/32 gegründete Organisation sollte nach der Überzeugung Scheels Nachrichten sammeln, um der obersten Führung ein ungeschminktes Bild von der Stimmung der Bevölkerung zu geben. Scheel sah im Sicherheitsdienst einen Ersatz für die Kontrolle der Regierung durch Parlament und Presse, also ein demokratisches Regulativ.[13] Über den Sicherheitsdienst hoffte er eine Kritik an den Regierungsmaßnahmen ermöglichen zu können. Die Notwendigkeit der Kritik hatte sich ihm bereits in dem Wirrwarr der Studentenführung gezeigt. Innerhalb der SS-Führung war er zunächst mit dem Aufbau einer SD-Führerschule in Berlin befaßt. Anschließend wurde er Oberabschnittsführer Südwest im Sicherheitsdienst in Stuttgart.

Im Juni 1936 heiratete Dr. Scheel Elisabeth Lotze. Die kirchliche Trauung vollzog sein Vater. Der Sohn stand in SS-Uniform vor dem Traualtar. Einen Widerspruch zu der kirchenfeindlichen und auch antichristlichen Haltung der obersten SS-Führung empfand er nicht, denn für ihn stand die NSDAP laut ihrem Programm auf dem Boden eines „positiven Christentums". Scheel hatte seine Braut in Heidelberg während seines Studiums kennengelernt. Der Vater seiner Braut war Arzt, alter Burschenschaftler und im Ersten Weltkrieg als Stabsarzt der Reserve bei der Marine schwer verwundet worden. Frau Scheel hatte noch eine Schwester und zwei Brüder. Der jüngste Bruder fiel 1945 beim Kampf um Berlin als Truppenarzt der Waffen-SS.

Der Ehe Dr. G. A. Scheels entsprossen vier Kinder: 1937 wurde die Tochter geboren, es folgten drei Söhne in den Jahren 1939, 1941 und 1945.

Anmerkungen

1) Prof. Dr. Gerhard Kittel: Eidesstattliche Erklärung v. 30. Januar 1948, s. Dok. Anhang Nr. 1
2) Dr. Eberhard Müller, Leiter der Evangelischen Akademie in Bad Boll am 14. Juli 1948 an Öff. Kläger, Interniertenlager Ludwigsburg, s. Dok. Anhang Nr. 2
3) Dr. F. Henning am 29. Oktober 1948, PrASch
4) Prof. Schmitthenner an Dr. Scheel am 16. Oktober 1947, Prof. Dr. R. v. Kienle: Eidesstattliche Erklärung v. 12. Februar 1947, PrASch.
5) Gutachtliche Stellungnahme Prof. Thielickes v. 8. Mai 1946, ferner ders. in seinem Buch: Zu Gast auf einem schönen Stern, Hamburg 1984, S. 124 f.; Thielicke hatte diesen Skandal des Ausschlusses der Theologiestudenten miterlebt und schildert ihn wie folgt: Auf einer Propagandaveranstaltung in der Heidelberger Aula sprach ein Vertreter der Reichsstudentenführung, der dem Sinne nach sagte: „Einzig die Theologen werden von

diesem Einsatz ausgeschlossen. Sie sondern sich von unserem Volk und seinem Neuaufbruch ab. Darum sondern wir sie auch vom Dienst für dieses Volk ab." Darauf verließen die Theologiestudenten gemeinsam den Festsaal. Thielicke fährt fort: „Wir schickten nach diesem Abend zwei studentische Vertreter zum damaligen Reichsstudentenführer Gustav Adolf Scheel nach Stuttgart, einer der wenigen erfreulichen und anständigen Figuren in der höheren NS-Hierarchie. Unsere Leute vertreten ihren Protest bei ihm so energisch, temperamentvoll und drastisch, daß Scheel Freude an ihnen hatte, ihnen fast eine Liebeserklärung machte und dann eine Anweisung gab, die im Dritten Reich . . . einzigartig war: Der Erlaß gegen die Theologen wurde zurückgenommen. Und als dann drei Sonderzüge mit Studenten zum Ernteeinsatz abfuhren, wurde jedesmal durch Bahnsteiglautsprecher den Theologen sogar ein besonderes Willkommen zugerufen."

6) Mußgnug a. a. O., S. 487
7) Gutachten v. Prof. Dr. med. E. Gottschlich v. 4. August 1947, PrASch.
8) Mußgnug, a. a. O., S. 490: „In besonders hohem Maße verstanden es Scheel und seine Parteifreunde, die Studenten durch nationalsozialistische Organisationen einzubinden."
9) Zit. nach Gerhard Müller: Ernst Krieck und die nationalsozialistische Wissenschaftsreform, Weinheim 1978, S. 494, Anm. 491
10) Der Heidelberger Student, Nr. 7 v. 27. 6. 1936
11) Müller: Ernst Krieck und die nationalsozialistische Wissenschaftsreform, S. 124
12) Text der Ehrenurkunde, Ablichtung, Landesarchiv Salzburg
13) Nach dem Kriege wurden die erhalten gebliebenen Berichte des SD von Heinz Boberach herausgegeben unter dem Titel: „Meldungen aus dem Reich", Darmstadt 1965. Sie sind eine wichtige Quelle für die Stimmung der Bevölkerung im Reich besonders während des Krieges.

Nationalsozialistischer Deutscher Studentenbund

Der Nationalsozialistische Deutsche Studentenbund (NSDStB) hatte bei der Machtübernahme nicht ins studentische Leben eingegriffen, dessen Schwerpunkt zunächst bei den Korporationen und bei den Burschenschaften blieb.[1] Offensichtlich hatte die Studentenbundsführung 1933 keine klare Vorstellung von der künftigen Gestaltung des studentischen Lebens unter nationalsozialistischem Vorzeichen. Die deutschen Studenten waren gemäß ihrer Überlieferung seit den Befreiungskriegen zu Beginn des 19. Jahrhunderts Vorkämpfer der nationalen Erneuerung und der demokratischen Einigung. So hatten sie in der bürgerlichen Revolution von 1848/49 eine führende Rolle gespielt, später um die Jahrhundertwende als Träger der deutschen Jugendbewegung und besonders auch bei Ausbruch des Ersten Weltkrieges. „Die deutsche Erhebung von 1914" wurde in erster Linie von der deutschen Jugendbewegung getragen;[2] der studentische Opfergang bei Langemarck wurde zum Symbol der Hingabe an das Vaterland.

1918/19 kämpften viele Studenten in den Freikorps gegen die kommunistischen Aufstände und waren ebenso in der Weimarer Republik als entschiedene Gegner der schmachvollen Diktate von Versailles und St. Germain Vorkämpfer der nationalen und sozialen Einigung des deutschen Volkes.[3] Die 1919 gegründete „Deutsche Studentenschaft" und die Korporationen, die traditionellen Träger des nationalen Gedankens, standen im 20. Jahrhundert dem Problem des Klassenkampfes und des Klassenhasses gegenüber. Die Überwindung dieses das deutsche Volk zerreißenden Gegensatzes wurde zur Bewährungsprobe für die Studenten, die Überwindung der Kluft zwischen den Akademikern und den nichtakademischen Ständen und Klassen ihre Hauptaufgabe. Vor allem der Fabrikarbeiter mußte für das deutsche Volk und Vaterland gewonnen werden. Das war auch für Scheel in seiner studentischen Arbeit das wichtigste Anliegen.

Die nationalsozialistische Bewegung Hitlers hatte die soziale Einigung des deutschen Volkes auf ihre Fahnen geschrieben; das war die entscheidende Triebfeder für Scheels Handeln und Wirken in ihren Reihen.

Die Gründung des Nationalsozialistischen Deutschen Studentenbundes erfolgte unter Leitung von Wilhelm Tempel am 26. Januar 1926. Am 20. Juli 1928 übertrug Hitler die Führung dem damals 21jährigen Baldur von Schirach. Damit praktizierte Hitler den Grundsatz „Jugend muß durch Jugend geführt werden"; er sollte sich für die Zukunft der Bewegung und des deutschen Volkes als Verhängnis erweisen. Schirach gab seit dem 19. Januar 1929 den monatlich erscheinenden „Akademischen Beobachter" heraus.

Der NSDStB errang ab 1930 an einer Reihe von Universitäten bei Studentenwahlen die absolute Mehrheit. Am 15. Juli 1931 wurde auf dem großdeutschen Studententag in Graz ein Nationalsozialist einstimmig zum ersten Vorsitzenden der Deutschen Studentenschaft gewählt (Walter Lienau, dann Gerhard Krüger).[4] So standen die Studenten als Avantgarde an der Spitze der nationalen Erhebung im Jahre 1933.

Doch lähmten innere Streitigkeiten ihre Aktivität nach der nationalsozialistischen Machtübernahme, so daß sie rasch zum Spielball konkurrierender Kräfte innerhalb der NSDAP wurden. Die SA, die SS, die HJ, die PO, das Amt Rosenberg, sie alle wollten sich das Studententum „einverleiben", es nach ihren Vorstellungen gestalten. Die radikalen Neuerer in der Partei und in ihren verschiedenen Gliederungen strebten nicht nur danach, die Universität alten Stils umzugestalten, sondern sie sogar zu verdrängen und durch neue „Hochschulen" ideologisch-parteipolitischer Ausrichtung zu ersetzen. Die Ordensburgen der PO unter Leitung von Dr. Ley, die SS-Junkerschulen, die vom Amt Rosenberg am Chiemsee geplante Hochschule, zunächst als konkurrierende Einrichtung zur Heranbildung von Führernachwuchs gedacht, waren von nicht wenigen Parteifanatikern als Ersatz für die Universitäten vorgesehen. Es darf hier vorweggenommen werden, daß Dr. Scheel, 1933-1935 Studentenführer in Heidelberg und für Baden,[5] ein grundsätzlicher und entschiedener Gegner solcher Bemühungen war. Er setzte sich für eine Um- und Neugestaltung des Universitätsbetriebes im nationalsozialistischen Sinne ein mit Schwerpunkt auf dem sozialen Gedanken. Er verfocht schon als Heidelberger Studentenführer energisch die Idee, begabten Kindern mittelloser Eltern aus dem Arbeiterstand und den armen Schichten das Studium zu ermöglichen. Die Überwindung des Klassengegensatzes war ihm ein zentrales Anliegen. So richtete er, wie oben schon erwähnt, in seiner Heidelberger Zeit den Fabrikdienst und Landdienst der Studenten und Studentinnen ein.

Anläßlich der 550-Jahr-Feier der Universität Heidelberg im Jahre 1936, als Dr. Scheel schon ein Jahr abberufen war zur Erfüllung einer anderen Aufgabe, schrieb sein Heidelberger Nachfolger,[6] es sei Dr. Scheels Verdienst, daß an der Heidelberger Universität im Vergleich zu dem Durcheinander an den anderen Universitäten eine studentenpolitische Tradition lebe, „eine gerade Entwicklung vom Kampf gegen Gumbel über den Fall Saxo-Borussia bis zur Wissenschaftsarbeit der Studentenschaft und dem Fabrikdienst des Studentenbundes. Der Dank dafür gebührt dem ersten Heidelberger Studentenführer Gustav Adolf Scheel. Die Universität, wie die nationalrevolutionäre Studentenschaft sie wollte, war als Gemeinschaft von Lehrenden und Lernenden gedacht. Für die Studentenschaft entstanden die Fachschaften, für den Studentenbund die Kameradschaften, Fabrik- und Landdienst kamen als besonderer Dienst der Einsatzfreudigen hinzu."

Der Umschwung an den Hochschulen im Jahre 1933 hatte sich fast ohne Teilnahme der Hochschullehrerschaft vollzogen, getragen allein von dem revolutionären Schwung der studentischen Jugend. Der „Elfenbeinturm" der objektiven Wissenschaft war die eigentliche Festung des liberalen, rationalistischen und individualistischen Zeitalters. Die revolutionäre Massenbewegung des Nationalsozialismus, getragen auch von der Jugendbewegung und den Frontsoldaten, erstrebte einen den Individualismus überwindenden Gemeinschaftssinn und eine volksbezogene Wissenschaft, was immer man darunter verstehen mochte. Das Erlebnis des Weltkrieges hatte ebenfalls bei der Jugend den Glauben an Rationalismus und Liberalismus erschüttert, sie den egoistischen Individualismus verachten gelehrt und den Wunsch nach nationaler Gemeinschaft stark gefördert, im Gegensatz zum Klassenkampf, zum Klassenhaß der marxistisch-sozialistischen Organisationen.

Die neue preußische Regierung erließ bereits am 12. April 1933 eine „Preußische Studentenrechtsordnung"; sie ersetzte das bis dahin geltende „Staatsbürgerprinzip" durch das „Volksbürgerprinzip". Das bedeutete, daß alle Studierenden deutscher Abstammung, auch wenn sie nicht Staatsbürger des Deutschen Reiches waren, der „Deutschen Studentenschaft" angehörten (Österreicher, Südtiroler, Sudetendeutsche und alle anderen Volksdeutschen). „Die voll eingeschriebenen Studenten deutscher Abstammung und Muttersprache bilden unbeschadet ihrer Staatsangehörigkeit die Studentenschaft einer Hochschule", lautete der maßgebliche Passus der Verordnung.

Bereits zehn Tage später übernahm das Reichsgesetz über die Bildung von Studentenschaften an den wissenschaftlichen Hochschulen das Preußische Studentenrecht mit dem volksbürgerlichen Grundsatz. Noch im gleichen Jahr wurde die studentische Arbeitsdienstpflicht eingeführt; das gesamte vierte Semester wurde zur Vorbereitung der studentischen Arbeitsdienstpflicht eingezogen. Auf dem 16. Deutschen Studententag in Aachen Anfang August 1933 hob der Vertreter des preußischen Kultusministeriums hervor, es sei die Aufgabe der deutschen Studentenschaft, „die tiefe Kluft zwischen Gebildeten und Ungebildeten" verschwinden zu lassen.[7]

In Anwesenheit des Stellvertreters des Führers, Rudolf Heß, fand im Januar 1934 eine Hochschul-Tagung im Braunen Haus in München statt. Sie nahm gegen Liberalismus und Reaktion Stellung und betonte, „daß auf die theologische Universität des Mittelalters und die philosophisch-humanistische Universität mit kosmopolitischer Geisteshaltung die völkisch-politische Universität des nationalsozialistischen Staates folgen müsse".[8]

Im Februar 1934 wurde die halbjährige Arbeitsdienstpflicht für alle Abiturienten mit Hochschulreife eingeführt. Am 7. Februar hielt Hitler eine Ansprache vor den Studenten in der Berliner Philharmonie, und Reichsinnenminister Frick verkündete die Verfassung der Studentenschaft mit der Verwirklichung des Führerprinzips. Am 2. November 1934 erging die Verordnung über die Bildung des Reichsstudentenwerkes: „Das Reichsstudentenwerk ist eine Anstalt öffentlichen Rechts. Sein Sitz ist Berlin. Das Reichsstudentenwerk hat die Aufgabe, jeder volksdeutschen Begabung ohne Rücksicht auf Herkommen und wirtschaftliche Kraft den Zugang zur deutschen Hochschule zu ermöglichen. Sein Ziel ist die Auslese der Tüchtigsten im Sinne nationalsozialistischer Forderungen", heißt es in der Satzung des Studentenwerkes.[9] Die politische und weltanschauliche Erziehung übernahm der Studentenbund. Er wurde, „unbeschadet seiner direkten Unterstellung unter den Stellvertreter des Führers", in die PO und ihre Gaue eingegliedert.[10] Widerstände aus den Reihen der Korporationen gegen die Neugestaltung des studentischen Lebens blieben nicht aus, da der

NSDStB die alleinige politische und weltanschauliche Schulung und Führung für sich in Anspruch nahm.

Auf der Reichstagung des NSDStB am 3. Juli 1935 erklärte der Reichsärzteführer Dr. med. Gerhard Wagner, die Partei bestimme die Richtung der Hochschulpolitik; deshalb müsse sie jeder Diskussion entzogen sein.

Am 10. Juli 1935 begann die Lagererziehung des NSDStB in den dafür errichteten Schulungslagern.

Während eine größere Anzahl der Korporationen sich zur freiwilligen Mitarbeit bereit erklärte, leisteten andere Widerstand. „Am 5. Juli mußte das Korps Saxo-Borussia in Heidelberg wegen gröblicher Verletzung der einer studentischen Vereinigung gegen Volk, Staat und Hochschule obliegenden Pflichten auf vier Semester suspendiert werden. Eine zynische Verunglimpfung auch der Person des Führers (die den Anlaß zur Suspendierung gegeben hatte) löste in der gesamten deutschen Öffentlichkeit einen Entrüstungssturm aus." So schildert es Rühle in seinem halbamtlichen Werk „Das Dritte Reich".[11] Der Reichsjugendführer Baldur von Schirach erließ aufgrund dieses Vorfalls am 6. Juli 1935 einen Befehl an die Hitlerjugend, durch den er das Kind mit dem Bade im Sinne „klarer Maßnahmen" auszuschütten suchte.

In dem Befehl hieß es: „Ich verfüge deshalb mit sofortiger Wirkung:

1. Alle an deutschen Hochschulen studierenden Mitglieder der mir unterstellten NS-Jugendverbände, die einer studentischen Verbindung angehören, haben sich sofort dahingehend zu entscheiden, ob sie dieser Verbindung oder der Hitler-Jugend angehören wollen.

2. Alle Mitglieder der mir unterstehenden NS-Jugendverbände werden in den Listen des Personalamtes der Reichsjugendführung gestrichen, falls sie in einer studentischen Verbindung ‚aktiv' werden sollten. Ferner werden die Dienstzeugnisse über ihre Tätigkeit in der HJ eingezogen. Eine Überweisung an andere Organisationen der Bewegung fällt dann fort."

Der Verband Kösener SC löste sich als erste der Korporationen selbst auf, nachdem er die Durchführung des Arier-Grundsatzes abgelehnt hatte. Mit der Selbstauflösung folgte im Oktober 1935 die „Deutsche Burschenschaft", im gleichen Monat die „Deutsche Sängerschaft". Für den Rest der nicht aufgelösten Korporationen ordnete der Führer des NSDStB, Derichsweiler, am 6. Dezember 1935 an, daß Angehörige des Studentenbundes nicht Mitglieder von Korporationen sein dürften mit Ausnahme der aus den Korporationen gebildeten Kameradschaften.

Der Bruch mit der Tradition des deutschen Studententums, verkörpert in der Deutschen Burschenschaft und in den Korporationen, war durch diese Ereignisse vollzogen.

Dies brachte der Stellvertreter des Führers, Rudolf Heß, anläßlich der Zehnjahresfeier des NSDStB am 25. Januar 1936 klar zum Ausdruck. Er führte über die studentischen Verbände und Korporationen aus:[12] „Wir wissen, daß viele dieser Verbände einst auch revolutionär entstanden, daß sie revolutionären Zielen anhingen und daß sie damals wesentlich mithalfen, Neues und Gutes für Volk und Vaterland zu erringen. So wie sie einst aber mithalfen, Überlebtes zu überwinden, so müssen sie heute als wiederum überlebt Neuem weichen."

Hitler erklärte anläßlich der Zehnjahresfeier des NSDStB in seiner Ansprache an die Studenten: „Ich weiß, was ihr verliert, aber ich weiß auch, was ich euch dafür gebe. Ihr verliert die Vergangenheit, aber ihr gewinnt die deutsche Zukunft. Deutsch sein heißt klar sein, klar sein heißt logisch denken und handeln, logisch handeln heißt zweckmäßig handeln, und ich handle zweckmäßig, wenn ich dem Volke jene Verfassung gebe, die es stark macht. Das deutsche Volk als lebendige Substanz lebt länger als bayerische und preußische Landtage gelebt haben."

Die Studenten nahmen 1936 auch erstmals am Reichsberufswettkampf teil. In diesem Jahr wurde auf Veranlassung des Stellvertreters des Führers auch die schon 1930 gegründete „Nationalsozialistische Studentenkampfhilfe" erneut ins Leben gerufen: die Leitung übernahm der Münchner Gauleiter Adolf Wagner, ehemaliger Bergwerksdirektor. Sie diente der Erfassung der Altakademiker.

In Wagners Aufruf heißt es:[13] „Altakademiker! Nationalsozialisten!

So wie unser ganzes deutsches Volk sucht und ringt auch unser junges Akademikertum, um neue Formen für das Leben in seiner eigenen Gemeinschaft zu finden und um sich als so neugeformte Gemeinschaft einzufügen in die große Volksgemeinschaft der deutschen Nation. Ich rufe euch als Beauftragter der Partei auf, mitzuhelfen zur Erreichung dieser Ziele. Die Nationalsozialistische

Studentenkampfhilfe ist das Mittel für diesen Zweck. Ich weiß, daß dieser mein Ruf nicht vergeblich an die Altakademiker Deutschlands gerichtet ist, denn auch sie kennen aus der Tradition ihrer Erziehung heraus nichts anderes als Dienst am Volk, am Vaterland, als Kampf um die Ehre und Freiheit der deutschen Nation..."

Die sog. Alten Herren waren infolge der Auflösung der Korporationen und der Beschlagnahme der Korporationshäuser verbittert. Das Durcheinander widersprüchlicher Maßnahmen und Versuche einer Neuregelung fand seinen Niederschlag im folgenden Befehl des Reichsstudentenbundsführers anläßlich der Reichstagung des NSDStB am 18. April 1936:[14)]

„1. Bis zum 1. Mai 1936, dem nationalen Feiertag des deutschen Volkes, haben alle Mitglieder und Anwärter des NSD-Studentenbundes sich zur Dienstleistung bei einer Gliederung (SA, SS, NSKK, HJ, BDM, Frauenschaft) der *nationalsozialistischen Bewegung* zu melden, oder als Politische Leiter Dienst zu tun.

2. Alle 1. bis 3. Semester des NSDStB sind in einer Stärke von 30 Mann in *Kameradschaften* zusammenzufassen.

3. Die Aufstellung der Kameradschaften hat entsprechend der Zugehörigkeit der Studentenbundsmitglieder zu einer Gliederung der NSDAP zu erfolgen.

Danach sind die SA, SS, NSKK und HJ-Angehörigen jeweils in Kameradschaften zusammenzufassen.

4. Gemäß meinem Aufruf vom 3. April 1936 sind die Studierenden des 1. bis 3. Semesters, die sich freiwillig bis zum 1. Mai zur Dienstleistung bei den Gruppen des Studentenbundes gemeldet haben, in Kameradschaften einzuweisen.

Ihre Mitgliedschaft schließt noch nicht die Mitgliedschaft im Studentenbund ein, da mit Wirkung vom 1. Mai 1936 die Aufnahme in den Studentenbund durch Berufung erfolgt. Hierunter fallen nicht die Parteigenossen, die auf Grund einer Anordnung des Reichs-Organisationsleiters der NSDAP Mitglieder des Studentenbundes sein müssen.

Studenten, die noch keiner Gliederung der Partei angehören und sich freiwillig gemeldet haben, müssen bis 1. Mai bei einer Gliederung den Antrag auf Aufnahme gestellt haben.

5. Diese Kameradschaften sind vom Studentenbund für die Durchführung der ihm von Staat und Bewegung an den Hoch- und Fachschulen gegebenen Aufgaben aufgestellt.

6. Über diese allgemeine Regelung hinaus stellt der Studentenbund entsprechend den örtlichen Erfordernissen bei den Studentenbundsgruppen eine *Stamm-Mannschaft* in Stärke von 30 bis 40 Mann auf. In die Stamm-Mannschaften werden besonders bewährte Studenten, d. h. Studenten, die ihre nationalsozialistische Einsatzbereitschaft in einer Gliederung der Partei schon unter Beweis gestellt haben, eingewiesen.

Nähere Anordnungen werden noch gemäß den Vereinbarungen mit den Gliederungen der Partei ergehen.

7. Über die Erfassung der *Studentinnen* im BDM und in der Frauenschaft ergehen noch genaue Anweisungen.

8. Der Studentenbund wird mit Wirkung vom Wintersemester 1936/37 die *Kameradschaftserziehung* auf alle Studierenden des 1. bis 3. Semesters ausdehnen.

9. Die zu diesem Befehl erforderlichen Ausführungsbestimmungen, insbesondere zur inhaltlichen Ausgestaltung der Kameradschaftserziehung, ergehen von der Hauptstelle für Kameradschaftserziehung des NSDStB."

Anmerkungen

1) Die untergeordnete Stellung des Studentenbundes in der NS-Bewegung. Undadierte Denkschrift, vermutlich von Dr. Scheel. SLA. S. Dok. Anhang Nr. 3 — Allgemein über den NSDStB: Anselm Faust: Der Nationalsozialistische Studentenbund, 2 Bde, Düsseldorf 1973
2) S. dazu u. a.: Friedrich Meinecke: Die deutsche Erhebung 1914, Stuttgart 1914; Max Lenz: Wille, Macht und Schicksal, München 1922, S. 115 ff.; Bernhard Schneider: Daten zur Geschichte der Jugendbewegung, Bad Godesberg 1965, S. 9 ff.
3) Heidrun Lüdtke: Die Reaktion der deutschen Studenten auf den aufkommenden Nationalsozialismus, Hannover 1985 (Diss. passim)
4) Lüdtke, a. a. O., S. 46 ff., 74 ff.
5) Semper Apertus, Bd. III, Elke Wolgast: Das Dritte Reich, S. 24
6) Holecek, Studentenführer, S. 11 ff.
7) Gerd Rühle: Das Dritte Reich, Bd. I, Das erste Jahr 1933, 2. A., Berlin 1934, S. 151 ff.
8) Rühle, ebda, Bd. II, S. 221 f.
9) Rühle, ebda, Bd. II, S. 226
10) Rühle, ebda, Bd. II, S. 298
11) Rühle, ebda, Bd. III, S. 238 f. — „Eine rühmliche Ausnahme stellte das Corps Vandalia dar, das sich als einzige Heidelberger Verbindung weigerte, den Arierparagraphen anzuwenden und deswegen vom Rektor verboten und auch von seinem Korporationsverband fallengelassen wurde." Eike Wolgast: Das Dritte Reich, in: Semper Apertus, Bd. III, Berlin 1986, S. 31; Mußgnug, a. a. O., S. 491
12) Rühle, ebda, Bd. IV, S. 357 f.
13) Rühle, ebda, Bd. IV, S. 361
14) Rühle, a. a. O., Bd. IV, 1936, S. 359

Der Reichsstudentenführer

Aufgrund dieser wirren Anordnung ergab sich ein ständiger Kampf der einzelnen Gliederungen um Einflußnahme und Beherrschung der Studentenschaft und das Bemühen, sich den NSDStB einzuverleiben. Daher veranlaßten Schirachs unglückliche Maßnahmen mit der Auflösung der Korporationen und der Wegnahme der Korporationshäuser den Stellvertreter des Führers, sich um eine gründliche Neuregelung des studentischen Lebens zu bemühen. Zu diesem Zweck ernannte er den SS-Obersturmbannführer Dr. med. Gustav Adolf Scheel, bis 1935 Gaustudentenführer in Baden, am 5. November 1936 zum Reichsstudentenführer. Dem Zwist zwischen Studentenschaft und Studentenbund wurde durch die Personalunion der Leitung beider Organisationen in der Hand Scheels ein Ende bereitet. Scheel bekleidete sein neues Amt ehrenamtlich, das heißt ohne Gehalt neun Jahre lang bis 1945.[1)]

Scheel war begeisterter Akademiker und von Anfang an bemüht, die Selbstverwaltung der Studenten zu sichern und sie wiederherzustellen. Allen radikalen Maßnahmen abhold, war er ein Mann des Ausgleichs, der Vermittlung, der Versöhnung. Ihm ging es darum, die Tradition des deutschen Studentums zu wahren und mit dem Wollen der nationalsozialistischen Bewegung, wie er sie sah, in Einklang zu bringen. So lehnte er auch ein Hochspielen der Gegensätze zwischen Studenten und Professoren ab und sorgte für eine gedeihliche Zusammenarbeit. Schon in der Zeit seiner Heidelberger Studentenführung hatte er diese Politik des Ausgleichs und der Zusammenarbeit mit Erfolg betrieben. Er hatte zur Professorenschaft ein gutes Verhältnis und sich außerdem für die nichtarischen (halb- und volljüdischen) Dozenten eingesetzt.

Dr. Scheel machte die besonders bei den Alten Herren Anstoß erregenden Maßnahmen seines Vorgängers Derichsweiler schnell und unauffällig wieder rückgängig, indem er in Erkenntnis des Wertes der alten Korporationen den Alten Herren wieder die Mitarbeit einräumte und ihnen die Möglichkeit bot, ihre Tradition zu wahren. Eine Säuberung des bisherigen Mitgliederstandes, wie sie Derichsweiler gefordert hatte, lehnte er ab. So konnten auch die zahlreichen Nichtpartei-Mitglieder, die Logenangehörigen einschließlich höherer Grade sowie die Geistlichen dem NS-Altherrenbund angehören. Dr. Scheel ließ die Selbständigkeit der Altherrenverbände unangetastet, ebenso ihr traditionelles Brauchtum und ließ ihnen freie Hand bei der Betreuung der neuen Kameradschaften.[2]

Die mit der „Deutschen Studentenschaft" in Verbindung stehenden Altakademiker waren beim Amtsantritt Dr. Scheels in der NS-Studentenkampfhilfe organisiert. Die NS-Studentenkampfhilfe war in die Geschäftsstelle des Reichsschatzmeisters der NSDAP, F. X. Schwarz, eingegliedert. Dr. Scheel brachte es auf geschickte Weise fertig, die Altakademiker in Form des Altherrenbundes aus der Unterordnung unter den Reichsschatzmeister herauszulösen. Er ordnete auch an, daß Theologen Mitglieder des Altherrenbundes werden konnten. Gegenüber der Gestapo setzte sich Dr. Scheel dafür ein, die Altherrenschaften der studentischen Korporationen als eingetragene Vereine fortbestehen zu lassen.[3]

An die Ernennung Scheels zum Reichsstudentenführer „knüpften die ehemaligen schlagenden Korporationen große Hoffnungen", heißt es in der Hundertjahresfestschrift des Corps Hannovera. „Mit der erneuten Genehmigung und Anerkennung durch die Reichsstudentenführung als *Kameradschaft VIII* im Sommer 1937, deren Stamm wiederum die früheren Angehörigen der Kameradschaft Hannovera bildeten, wurden wieder neue Füchse als Jungkameraden aufgenommen.[4]

Scheel beteiligte sich an keinerlei Maßnahmen gegen Juden, ebensowenig ließ er Verhaftungen vornehmen und Dozenten oder Studenten von den Hochschulen entfernen. Terror und Unduldsamkeit widersprachen seiner Art. Deshalb setzte er sich erfolgreich dafür ein, daß Halbjuden vielfach studieren konnten, und er bemühte sich um ein gutes internationales Verhältnis. Bei der Parteileitung, vor allem bei den Gauleitern, stieß er mit seiner Einstellung und seinen Zielsetzungen auf Unverständnis. Viele Studentenführer unter ihm gehörten der Partei nicht an. Auf Mitgliedschaft beim NSDStB wurde wenig Wert gelegt; es wurde auch keine zentrale Mitgliederkartei geführt. Da Scheel den Umschwung von 1933 aus der sozialen Warte der Überwindung des Klassenkampfes erlebte, stand er der rassen-ideologischen Richtung in der Partei völlig fern.

Scheel war von Beginn seines Studiums getragen von der hohen Idee der Universität und ein Verfechter der studentischen Selbstverwaltung. Als Heidelberger Studentenführer ließ er nach dem Eindruck eines Kommilitonen seinen Mitarbeitern manchmal sogar „zuviel freie Hand".[5] In seiner weitherzigen, undoktrinären Einstellung war er jederzeit auch für politische Gegner unter den Studenten aufgeschlossen und respektierte deren politische Einstellung, ebenso jene von oppositionellen Professoren. Er setzte sich für solche Professoren stets ein und lehnte die 1933 vorgenommenen Hausdurchsuchungen bei verschiedenen Angehörigen des Lehrkörpers der Universität entschieden ab.[6] Für die den Nationalsozialismus ablehnenden Professoren (Radbruch, Jaspers, Weber, Hellpach) empfinde er mehr Achtung als für die sich allzu schnell anpassenden Konjunkturritter, erklärte er.[7]

Dieser toleranten Haltung blieb er in der ganzen Zeit seines politischen Wirkens treu. So half er vielen Studenten und Professoren, die aus politischen Gründen in Schwierigkeiten geraten waren. Der Leiter der anglistischen Abteilung des Dolmetscher-Instituts an der Universität Heidelberg, ein Brite, machte aus seiner antinationalsozialistischen Haltung keinen Hehl und geriet dadurch in große Schwierigkeiten. Er und seine Frau wurden von der Gestapo verhaftet. Dank der Hilfe Dr. Scheels kam das Ehepaar Walz wieder auf freien Fuß. Dr. Scheel verhalf unter erheblichem Risiko Walz und seiner Frau 1936 zur Flucht nach England.[8]

Wenige Tage nach seiner Berufung zum Reichsstudentenführer erließ Dr. Scheel folgende Richtlinien für die studentische Arbeit:[9]

„Die Arbeit der neuen Reichsstudentenführung geht grundsätzlich davon aus, daß der *NSD-Studentenbund* der *nationalsozialistische Kerntrupp* und die *Führerorganisation* der Gesamtstudentenschaft ist. Er ist insbesondere Träger der gesamten politisch-weltanschaulichen Erziehung der Gesamtstudentenschaft nach den Richtlinien der NSDAP und hat besondere fachliche Aufgaben nach den Richtlinien der Partei durchzuführen. Die *Deutsche Studentenschaft* dagegen hat als Zusammenschluß aller Studenten deutscher Abstammung und Muttersprache an den deutschen Hoch- und Fachschulen die Aufgabe der *Vertretung der gesamten Studentenschaft* im Rahmen der Hochschule. Sie ist zuständig für die Gesamterfassung und einheitliche Ausrichtung aller Studenten und für die Durchführung fachlicher Aufgaben für die gesamte Studentenschaft.

In der inneren Organisation des NSD-Studentenbundes und der Deutschen Studentenschaft werden eine Reihe von wichtigen Arbeitsgebieten in Personal- und Realunion besetzt. Der Sitz der neuen Reichsstudentenführung, der Reichsführung des NSD-Studentenbundes und der Reichsführung der Deutschen Studentenschaft, ist München. In Berlin wird eine Verbindungsstelle eingerichtet.

Hauptstelle für Fachschulfragen

Die „Reichsfachschaft der Studierenden an den deutschen Hoch- und Fachschulen" als solche wird aufgehoben werden und die Fachschulschaft als Hauptabteilung für Fachschulen der Deutschen Studentenschaft angegliedert werden. Die Einrichtung einer Hauptstelle für Fachschulen im NSD-Studentenbund gewährleistet die gleichmäßige Behandlung aller Fachschulfragen seitens der Partei. Eine Minderbewertung des Fachschulwesens gegenüber den Hochschulen wird in dieser Umorganisation nicht erblickt werden können, da erst die geplante Neugliederung eine aktive studentische Arbeit an den Fachschulen ermöglichen wird.

Um sämtliche Studenten erfassen zu können, wird angeordnet, daß alle Studierenden sich bei der Immatrikulation bei der Dienststelle des örtlichen Studentenführers zu melden haben.

Erste drei Semester an gleicher Hochschule

Sämtliche Studierenden im ersten bis zum dritten Semester werden in Zukunft von der politisch-weltanschaulichen Erziehung des NSD-Studentenbundes erfaßt. Zur planvollen Durchführung dieser Arbeit und darüber hinaus zur stärkeren Verwurzelung jedes Studenten an seiner Hochschule wird – wie Pg. Scheel mitteilen konnte – der Reichserziehungsminister eine Anordnung erlassen, nach der alle Hochschulstudenten während ihrer ersten drei Semester an derselben Hochschule verbleiben. Für die speziellen Hochschulen (Hochschule für Lehrerbildung usw.) und für die Fachschulen werden voraussichtlich Sonderbestimmungen ergehen.

Durch die Kameradschaft in den NSDStB

Jeder deutsche Student hat dabei die Möglichkeit, sich während seiner ersten drei Semester einer vom NSD-Studentenbund geführten Kameradschaft anzuschließen. Er verpflichtet sich mit der Meldung auf die Dauer von drei Semestern. Jeder Parteigenosse muß sich bei einer solchen Kameradschaft melden. Jede Studentenbundgruppe an einer Hochschule hat eine *Stamm-Mannschaft* (mit dem Stammhaus als Mittelpunkt), in der der Studentenführernachwuchs herangebildet wird. Die Mitglieder der Stamm-Mannschaft werden grundsätzlich nur aus den Kameradschaften auf Vorschlag der Kameradschaftsführer durch den Studentenbundsgruppenführer berufen.

Die der Stamm-Mannschaft angehörenden Studenten werden zugleich als Mitglieder des NSD-Studentenbundes berufen. Sie werden für die Dauer ihrer Zugehörigkeit zur Stamm-Mannschaft vom Dienst in ihrer Parteigliederung beurlaubt. Die gesamte Studentenbundgruppe soll als Auslese- und Führerorganisation des Deutschen Studentenbundes nur wirklich *befähigte und nationalsozialistisch bewährte* Studenten umfassen. Grundsätzlich können nur Angehörige von Kameradschaften vom Studentenbundführer in den NSD-Studentenbund berufen werden. Die Berufung erfolgt in der Regel nach einsemestriger Bewährung in einer Kameradschaft; sie wird vom Reichsstudentenbundführer bestätigt. Jeder Student, der Mitglied einer Kameradschaft ist, und alle Mitglieder des NSD-Studentenbundes müssen *einer Gliederung der Partei angehören*. Nach dem dritten in einer Kameradschaft verbrachten Semester werden die Mitglieder der Kameradschaft geschlossen in die *Studentenkampfhilfe* übergeführt.

Mit dem vierten Semester beginnt die Facharbeit, die sich nach den Studiengebieten gliedert. Außerdem werden vom vierten Semester an die weiteren speziellen Arbeitsgebiete durchgeführt. Führend können bei diesen Arbeiten nur solche Studenten tätig sein, die die Kameradschaftserziehung durchlaufen haben.

Die Studentenführer unterstehen in ihrer amtlichen Eigenschaft dem Reichsstudentenführer. Es ist ihre Aufgabe, die Einheit der Hochschule zu gewährleisten."

Am 25. November 1936 erließ der Reichsstudentenführer folgenden Aufruf zum nächsten Reichsberufswettkampf:[10] „Ein geeintes Studententum stellt sich im vierten Jahre des Reichsberufswettkampfes geschlossen in die Front der schaffenden deutschen Jugend. Nachdem bereits 1936 die Gesamtheit der deutschen Hoch- und Fachschulstudenten an diesem Wettkampf des Körpers und des Geistes beteiligt war, wollen sie erneut die Kameradschaft der studentischen Jugend mit der handarbeitenden Jugend bekunden.

Alle Kräfte der Jungmannschaften an den deutschen Hoch- und Fachschulen, Lehrende und Lernende, stellen sich damit in den Dienst der großen Aufgabe. Deutsche Studenten, stellt unter Beweis, daß die neugewonnene Kraft dieser Kameradschaft die Quelle unserer Leistung ist! Deutsche Studenten, stellt euch in die gemeinsame Front der schaffenden deutschen Jugend! Tretet an zum zweiten Reichsberufswettkampf der deutschen Studenten!"

Das Reichserziehungsministerium ordnete 1937 die Einrichtung von Stammhochschulen an. Das bedeutete, daß die Studenten die ersten drei Semester an der gleichen Hochschule bleiben mußten, um die politische und weltanschauliche Erziehung auf diese Weise zu erleichtern. Im Februar 1937 wurde zwischen der Reichsstudentenführung und der Reichsjugendführung die Vereinbarung getroffen, daß weibliche Studenten, die dem „Bund Deutscher Mädchen" angehörten, mit Beginn des Studiums der Arbeitsgemeinschaft nationalsozialistischer Studentinnen beizutreten hatten; dabei blieb die Mitgliedschaft beim BdM unberührt.

Der NSDStB veranstaltete auch Fachgruppenlager für die sechs Reichsfachgruppen Naturwissenschaft, Medizin, Kulturwissenschaft, Rechtswissenschaft, Landwirtschaft, Kunst. Das Reichsstudentenwerk wurde dem Reichsstudentenführer unterstellt. Für Studentenbund und Studentenschaft wurde 1937 auch eine Dienststrafordnung ausgearbeitet.[11]

Ferner verkündete Scheel auf der Reichsarbeitstagung des NSDStB in Heidelberg (22.–25. Juni) eine neue Ehrenordnung des Deutschen Studententums mit der Möglichkeit, durch Ehrenerklärung oder Zweikampf Genugtuung zu erlangen. Eine entsprechende neue Waffenordnung für Studenten wurde geschaffen. Scheel errichtete ferner ein eigenes Rechts- und Gerichtsamt der Reichsstudentenführung zur Bearbeitung sämtlicher Disziplinar- und Ehren-Angelegenheiten. Für die Fechtausbildung erging eine eigene Verfügung; darüber hinaus wurde auf vielseitigen Sport Wert gelegt.[12]

Auf Anordnung des Reichsorganisationsleiters der NSDAP vom 24. April 1937 erhielt die Reichsstudentenführung die Stellung eines Hauptamtes der NSDAP; der Reichsstudentenführer wurde Reichsamtsleiter, die Gaustudentenführer wurden Gauamtsleiter. Der Reichsstudentenführer unterstand dem Reichsminister für Erziehung, Wissenschaft und Unterricht.

Ein besonderes Verdienst erwarb sich Dr. Scheel durch seine Bemühungen um eine Aussöhnung mit den Alten Herren nach Auflösung der Korporationen. Ein halbes Jahr nach seiner Berufung zum Reichsstudentenführer traf er eine befriedigende Neuregelung mit seiner Rede vom 13. Mai 1937 auf einer Kundgebung des NSDStB und der Studentenkampfhilfe in München.[13] „Die alten Formen mußten neuen weichen", erklärte er, „aber die alten Ideale, die über ein Jahrhundert lang als feierliches Bekenntnis im deutschen Studententum lebten, die Ideale Ehre, Freiheit, Vaterland, Einigkeit, Recht und Freiheit, sie sind heute... Bekenntnis des ganzen deutschen Volkes geworden... Wir achten und ehren das Streben des deutschen Studententums nach einem einigen deutschen Reich; wir achten und ehren die Kämpfer der Freiheitskriege, wir achten und ehren die Barrikadenstürmer, wir achten und ehren euch, ihr Langemarckstudenten und Freikorpskämpfer... Es gilt nicht, die Bünde und Verbände zu zerschlagen, sondern sie einzuschmelzen in den Schmelztiegel der deutschen Volksgemeinschaft..."

An die erste Stelle der studentischen Aufgaben der Gegenwart stellte er die Kameradschaftserziehung. „Aufgebaut auf der Erziehung in der Hitlerjugend, im Arbeitsdienst, in der Wehrmacht, allein getragen von der Grundlage nationalsozialistischer Weltanschauung und dem unbändigen Willen, Führer und Volk zu dienen, werden die Kameradschaften antreten. Im Rahmen der studentischen Selbstverwaltung und Selbstführung, die geleitet ist von dem Grundsatz der Selbstverantwortung, soll der Student erzogen werden." „Geistige und körperliche Schulung erfolgt innerhalb der Kameradschaft." „Im Landdienst erlebt er den deutschen Bauern an der Grenze, im Fabrikdienst ersetzt er vier Wochen einen deutschen Arbeiter, der sich in dieser Zeit bei vollem Lohn einen voll bezahlten Urlaub nehmen kann; hier erlebt der Student keinen theoretischen, sondern praktischen Sozialismus... Mit der unbedingten Satisfaktion schließlich verteidigt der Student heute nicht mehr eine besondere studentische Ehre, sondern die Ehre, die jeder deutsche Volksgenosse zu verteidigen hat..."

Mit dem grundlegenden Erlaß des Stellvertreters des Führers vom 14. Mai 1937 wurde die NS-Studentenkampfhilfe als Altherrenbund der deutschen Studenten „der einzige von der NSDAP anerkannte Zusammenschluß von Alten Herren der deutschen Hoch- und Fachschulen". Sie hatte die lebendige Verbindung zwischen Studenten und Altherren herzustellen und die „Aufgaben der bisher bestehenden Zusammenschlüsse und Vereinigung Alter Herren an deutschen Hoch- und Fachschulen" zu übernehmen. Scheel setzte sich besonders auch dafür ein, jeder volksdeutschen Begabung den Weg zur Hochschule zu öffnen.

Auf dem Reichsparteitag 1937 verkündete der Reichsstudentenführer die „Zehn Gesetze des deutschen Studenten":[13)]

1.

Deutscher Student, es ist nicht nötig, daß du lebst, wohl aber, daß du deine Pflicht gegenüber deinem Volk erfüllst! Was du bist, werde als *Deutscher!*

2.

Oberstes Gesetz und höchste Würde ist dem deutschen Mann die Ehre. Verletzte Ehre kann nur mit Blut gesühnt werden. Deine Ehre ist die Treue zu deinem Volk und zu dir selbst.

3.

Deutsch sein heißt Charakter haben. Du bist mit berufen, die *Freiheit des deutschen Geistes* zu erkämpfen. Suche die Wahrheiten, die in deinem Volk beschlossen liegen!

4.

Zügellosigkeit und Ungebundenheit sind keine Freiheit. Es liegt im *Dienen* mehr Freiheit als im eigenen Befehl. Von deinem Glauben, deiner Begeisterung und deinem kämpferischen Willen hängt die *Zukunft* Deutschlands ab.

5.

Wer nicht die Phantasie besitzt, sich etwas vorzustellen, wird nichts erreichen, und du kannst nicht anzünden, wenn es in dir nicht brennt. Habe den Mut, *zu bewundern und ehrfürchtig zu sein!*

6.

Zum Nationalsozialisten wird man geboren, noch mehr wird man dazu erzogen, am meisten *erzieht man sich selbst dazu.*

7.

Wenn etwas ist, gewaltiger als das Schicksal, dann ist es dein *Mut,* der es unerschüttert trägt. Was dich nicht umbringt, macht dich nur stärker. Gelobt sei, was *hart* macht!

8.

Lerne in einer Ordnung zu leben! *Zucht und Disziplin* sind die unerläßlichen Grundlagen jeder Gemeinschaft und der Anfang jeder Erziehung.

9.

Als Führer sei hart in deiner eigenen Pflichterfüllung, entschlossen in der Vertretung des Notwendigen, hilfreich und gut, nie kleinlich in der Beurteilung menschlicher Schwächen, groß im Erkennen der Lebensbedürfnisse anderer und *bescheiden* in deinen eigenen.

10.

Sei *Kamerad!* Sei ritterlich und bescheiden! In deinem persönlichen Leben sei *Vorbild!* An deinem Umgang mit Menschen erkennt man das Maß deiner sittlichen Reife. Sei eins im Denken und Handeln! *Lebe dem Führer nach!*

Schon als örtlicher Studentenführer in Heidelberg bemühte sich Dr. Scheel um die Pflege der studentischen Auslandsbeziehungen und des Studentenaustausches; diese Bemühungen setzte er als Reichsstudentenführer in erhöhtem Maße fort. Er handelte mit seinen Ausbildungsplänen in vollem Gegensatz zu parteiamtlichen Schulungsparolen.[14)] Angesichts der mangelnden Weltkenntnis der deutschen Studenten verfolgte er gegen den Widerstand der Partei eine Erziehung des akademischen Nachwuchses zur Weltoffenheit, zur Aufgeschlossenheit gegenüber fremdem Volkstum und zur Vertrautheit mit anderen Kulturen. Er bekämpfte bewußt und zielstrebig die parteiamtliche Beschränkung der politischen Erziehung auf die nationalsozialistische Ideologie und auf das deutsche Geistesgut, denn er sah die damit verbundene große Gefahr der geistigen Verengung und nationalsozialistischer Beschränktheit. Er vervielfachte in kurzer Zeit die Möglichkeiten des Auslandsstudiums für Jungakademiker und Assistenten mindestens um das Dreifache. Nach seinem im Sommer 1939 vor dem Abschluß stehenden Ausbildungsplan sollte in Zukunft jeder deutsche Student mindestens zwei Semester an einer ausländischen Hochschule studieren, nicht auf seine Kosten, sondern mit Staatsmitteln und mit Unterstützung durch die Wirtschaft und durch private Stiftungen. Für das Sommersemester 1940 war das Anlaufen dieses Ausbildungsplanes vorgesehen.

Leider verhinderte der Krieg die praktische Durchführung von Scheels Ausbildungsplan. Der Reichsstudentenführer veranlaßte außerdem die Wiederaufnahme der Zusammenarbeit mit der „Confédération Internationale des Etudiants" durch Teilnahme deutscher Vertreter an der Tagung in Wien vom 4. bis 11. Januar 1937. Seit dem Kongreß in Brüssel im Jahre 1930 hatte die deutsche Studentenschaft wegen der damals feindseligen Haltung gegenüber dem Reich nicht mehr an diesen Kongressen teilgenommen. Auf dem Kongreß in Sofia im Januar 1936 war die CIE an die nur als Beobachter teilnehmenden Vertreter der deutschen Studentenschaft herangetreten mit dem Anliegen, Besprechungen über engere Zusammenarbeit zwischen ihr und der deutschen Studentenschaft aufzunehmen. Die deutschen Vertreter verlangten Genugtuung wegen der deutschfeindlichen Vorfälle auf dem Brüsseler Kongreß. Der Kongreß in Wien leistete diese Genugtuung, indem er die Brüsseler Ereignisse als bedauerlich bezeichnete. Im September 1937 wurde dann ein deutsch-französisches Studentenlager in Avallon (Frankreich) veranstaltet.[15]

Darüber hinaus pflegte Scheel zahlreiche Kontakte mit ausländischen Studenten und Studenten-Abordnungen. Während des Krieges setzte er sich für gefährdete ausländische Studenten ein. Anläßlich der Schließung der Osloer Hochschule durch den Reichskommissar Gauleiter Terboven protestierte Dr. Scheel gegen diese Maßnahme bei Hitler und erreichte die Freilassung zahlreicher norwegischer Studenten, die dann weiterstudieren konnten. Ebenso setzte er sich erfolgreich für polnische und tschechische Studenten ein, förderte die Unterstützung von holländischen und belgischen Studenten und erreichte für französische Studenten, die in Deutschland arbeiteten, die Erlaubnis, ihre Arbeitsplätze in Hochschulorte oder deren Umgebung zu verlegen, um damit die Verbindung mit den Universitäten aufnehmen zu können.

Dr. Scheels Außenarbeit war ganz auf friedliches Zusammenleben der Völker und auf gegenseitiges Verständnis ohne jegliche Voreingenommenheit gegen die eine oder andere Nation gerichtet. Haß kannte er nicht, Bevormundung lehnte er ab. Das gegenseitige Verständnis suchte er durch intensive Zusammenarbeit in den internationalen Studentenvereinigungen zu fördern.

Die sozialen Probleme des Studententums waren das Hauptanliegen des Reichsstudentenführers: Förderung armer Begabter, Stipendienwesen, Versorgung der Studenten mit Wohnung, Essen, Studienmaterial, studentischer Einsatz im Land- und im Fabrikdienst, Überwindung der Kluft zwischen Intellektuellen und Nicht-Intellektuellen, insbesondere aus der Arbeiterschaft.[16]

Der Reichsstudentenführer hatte als Vorsitzender der bereits im Jahre 1919 gegründeten Deutschen Studentenschaft und des ebenfalls 1919/20 ins Leben gerufenen Deutschen Studentenwerkes, nun Reichsstudentenwerk genannt, die Möglichkeit, seine sozialen Pläne für die Studenten zu verwirklichen. Studentenschaft wie Studentenwerk waren überparteiliche Einrichtungen und wurden von Dr. Scheel auch in diesem Sinne geführt. Das Reichsstudentenwerk wurde 1937 öffentlich-rechtliche Anstalt. Dr. Scheel führte einen zähen und erfolgreichen Kampf gegen die Bestrebungen des Reichsschatzmeisters Schwarz, das Studentenwerk der Partei zu unterstellen. Er hat das verhindert und konnte deshalb ohne Rücksicht auf Partei-Interessen die soziale Fürsorge für die Studenten betreiben. Die soziale Hilfeleistung für die Studenten erfolgte ohne Rücksichtnahme auf Partei- oder Gliederungszugehörigkeit. Allein fachliche und menschliche Gesichtspunkte waren ausschlaggebend für die soziale Studentenhilfe.[17] Auch unter den 560 Mitarbeitern waren viele weder in der Partei noch in einer ihrer Gliederungen. Scheel ließ auch Verwaltung und Kassenführung der Deutschen Studentenschaft in das Reichsstudentenwerk eingliedern und es so dem Zugriff des Reichsschatzmeisters der NSDAP entziehen. Diese erheblichen Mittel konnten so für alle Studierenden ohne politische Bindung verwendet werden. Maßgebend für die gesamte Sozialarbeit des Reichsstudentenwerkes blieb die Betreuung der Kranken, Kriegsversehrten und wirtschaftlich Schwachen.

Dr. Scheel setzte auch für die Frontstudenten ohne Rücksicht auf ihre politische Einstellung Studienurlaub durch.

Die Förderung begabter aber mittelloser Studenten und Studentinnen lag ihm besonders am Herzen.[18] Das Deutsche Studentenwerk hatte sich im Rahmen seiner bescheidenen Möglichkeiten in der Zeit der Weimarer Republik schon in dieser Richtung bewährt. Im Reichsstudentenwerk wurde eine eigene Abteilung für Vorstudienausbildung geschaffen, zu der auch das sogenannte Langemarck-Studium gehörte. 1928 hatten die Studenten die Pflege des Gedächtnisses an den Opfergang von Langemarck bei ihren Feiern aufgenommen.[19] Das Langemarck-Studium wurde vom Reichsstudentenführer besonders gefördert, weil es Jungarbeitern und Jungbauern den Zugang zu den Hochschulen ermöglichte, der ihnen bisher aus sozialen und finanziellen Gründen verschlossen geblieben war. Begabung, fachliche Leistung und menschliche Qualität waren die Kriterien für die Auslese. Scheel sorgte auch dafür, daß die Angehörigen der Lehrgänge der Vorstudienausbildung keinerlei Dienst in irgendwelchen Parteigliederungen zu machen hatten. Der Opfergang der Freiwilligen-Regimenter im Herbst 1914 bei Langemarck, die sich überwiegend aus Studenten, aber auch aus Facharbeitern zusammensetzten,[20] wurde Symbol und Vorbild für die freiwillige Hingabe der Studenten an das Vaterland.

Unter diesem Vorzeichen schuf der Reichsstudentenführer 1942 die Vorstudienausbildung auch für begabte Mädchen und Frauen, die sich in ihren Berufen bewährt hatten. Sie sollten in anderthalbjährigen Lehrgängen zur Hochschulreife gebracht werden und anschließend ein Hochschulstudium beginnen können. In den schulischen Fragen (Lehrplan, Prüfungen) unterstand die Vorstudienausbildung dem Sachbearbeiter für Begabtenprüfung im Reichserziehungsministerium. Die Auswahl der Bewerberinnen erfolgte nicht nach politischen, sondern nach rein sachlichen Gesichtspunkten. Partei- bzw. Gliederungszugehörigkeit spielte keine Rolle; weit über die Hälfte der aufgenommenen Bewerberinnen gehörte nicht der Partei an. Ebensowenig wurde nach der Konfession gefragt. Zu den Auslesegern wurden keine Vertreter der Partei oder ihrer Gliederungen zugezogen. Die Auswahl wurde von erfahrenen Ärzten, Pädagogen und Psychologen weiblichen Geschlechts getroffen. Lehrfächer waren: Deutsch, Geschichte, Erdkunde, Mathematik, Physik, Chemie, Biologie, Latein, Englisch, Sport und Musik. Die Teilnehmerinnen waren von Schulungen und Dienstleistungen bei der Partei und ihren Gliederungen befreit. Als Lehrer wirkten solche von höheren Schulen sowie Hochschuldozenten. Auch bei der Abschlußprüfung wurden keine politischen Fragen gestellt.[21]

In seiner 1938 veröffentlichten Schrift „Die Reichsstudentenführung, Arbeit und Organisation des deutschen Studententums" faßte Dr. Scheel Aufgabe und Ziel seiner Tätigkeit wie folgt zusammen:[22]

„Durchdrungen von dem Willen zur höchsten Leistung und zur äußersten Einsatzbereitschaft für das Werk des Führers steht heute das deutsche Studententum an seinem Platz. Die studentische Selbstverwaltung, seit vielen Jahren stete Forderung und Sehnsucht bester deutscher Studenten, ist heute im nationalsozialistischen Reich Wirklichkeit geworden. All unsere Arbeit, gleichgültig, ob es sich um die politische Erziehung, wissenschaftliche Fachschaftsarbeit, die körperliche Ertüchtigung, den sozialistischen Einsatz im

Landdienst, den Fabrikdienst, in der Erntehilfe, um die Gestaltung unseres neuen Lebensstiles und um die Erfüllung kulturpolitischer Pflichten handelt, ist gekennzeichnet von diesem Geist. Von jedem Studenten wird erwartet, daß er nicht nur zu jeder Zeit bereit ist, seinem Vaterland als Waffenträger Blut und Leben zu opfern, sondern daß er auch politischer Soldat ist, der nicht nur für seine Generation, sondern für Jahrhunderte die Grundlagen mitschaffen hilft, auf welchen unsere Nation zu leben vermag. Nur durch steigende Leistung kann das deutsche Studententum Führer und Volk dienen. Der deutsche Student hat heute gegenüber dem deutschen Volk und der nationalsozialistischen Bewegung erhöhte Verantwortung und stärkere Pflichten denn je. Der Dienst in der Hitler-Jugend, im Arbeitsdienst und in der Wehrmacht erziehen heute den deutschen Studenten zu den männlichen Tugenden, zur Selbstzucht, zur Disziplin und Kameradschaft. Diese Tugenden in der studentischen Gemeinschaft zu vertiefen und zu verstärken, ist die erste Pflicht des deutschen Studenten. Vorbild sei ihm in jeder Lebenslage immer der Führer.

Das deutsche Studententum steht in einer Front der Arbeit und Aufgabe mit den Formationen der Bewegung, in denen es in der Kampfzeit verwurzelt war und mit denen es erst recht für die Zukunft unlösbar verbunden bleibt. Das deutsche Studententum will ein lebendiger Ast am Baume der deutschen Zukunft werden, will dafür sorgen, daß die Zweige aus hartem Holz sind, damit wir dereinst den schwersten Stürmen trotzen können."

Dr. Scheel setzte sich in seinem Amt als Reichsstudentenführer auch für die freie Meinungsäußerung ein. Wenn die Partei in ihren z. T. unduldsamen und ausschließlichen weltanschaulichen Bestrebungen solchen Bemühungen auch unübersteigbare Schranken gesetzt hatte, so hatten die Kirchen im Rahmen der studentischen Arbeit doch die Möglichkeit der Mitarbeit in Gestalt katholischer und evangelischer Studentengemeinden. Bei der Erörterung studentischer Probleme spielte die Parteizugehörigkeit keine Rolle, sondern nur die fachliche Qualifikation und die charakterliche Einstellung. Zur Voraussetzung für seine Mitarbeiter in der Reichsstudentenführung machte Scheel nicht die politische Laufbahn, sondern ein abgeschlossenes Hochschulstudium. Nach seiner Meinung war Politik kein Beruf.

Der Kriegsausbruch setzte der friedensmäßigen Aufbauarbeit mit dem Versuch einer Neugestaltung des studentischen Lebens und der

der Hochschulen ein Ende.[23] Neue, kriegsbedingte Probleme waren zu lösen: die Frage der Unabkömmlichkeits-Stellung von Studenten, die Versehrten-Fürsorge, Aufstellung von Mediziner-Kompanien sowie die Weiterführung des Hochschulbetriebs bei Bombenschäden usw. standen nun im Vordergrund.

„Dienstpflicht für jeden Studenten" wurde mit Kriegsbeginn verkündet. Dazu schrieb der Reichsstudentenführer am 26. Januar 1940[24] u. a.:

„Jeder deutsche Student soll in der Dienstpflicht stehen. Dabei werden wir die älteren Studiensemester nicht in dem Maße wie die jüngeren Studenten heranziehen. Aber auch die älteren Studenten können jederzeit zu besonderen Arbeiten befohlen werden. Ein solcher Befehl wird dann erfolgen, wenn ein Notfall gegeben ist. Ältere Semester werden auch in der Hauptsache den besonderen wissenschaftlichen und politischen Einsatz in der Dienstpflicht tragen, der heute mehr denn je notwendig ist. Diese wissenschaftliche und politische Arbeit steht unter der Erkenntnis, daß der heutige Kampf auch ein Kampf des Geistes ist. Geschichte, Kultur und Wirtschaft werden lebendig gemacht werden müssen, um Waffen für diesen Geisteskampf zu schmieden. Technik und Naturwissenschaft haben dabei ihre besondere Bedeutung ... Wenn so das deutsche Studententum seine Arbeit im Kriege unter den Gedanken stellt, daß der Einsatz verdoppelt werden muß, so können wir mit Recht davon sprechen, daß in diesem Krieg das deutsche Studentum nur den Dienst am Volk kennt ..."

Anmerkungen

1) G. A. Scheel: Die Reichsstudentenführung. Arbeit und Organisation des deutschen Studententums. Berlin 1938. Heft 18 der „Schriften der Hochschule für Politik"
2) Eidesstattliche Erklärung Otto Meyrhöfer v. 26. November 1948. PrASch; S. a. Scheel, a. a. O., S. 32 ff.
3) Eidesstattliche Erklärung von Edgar Stelzner v. 2. August 1948. PrASch; Scheel, a. a. O., S. 32 ff.
4) Festschrift des „Corps Hannovera" an der Technischen Hochschule Hannover
5) Eidesstattliche Erklärung von Dr. Oskar Gramm v. 5. Dezember 1948, PrASch
6) Ebda
7) Eidesstattliche Erklärung von Dr. Fritz Spitz v. 1. Dezember 1948. PrASch.
8) Eidesstattliche Erklärung v. 13. März 1948 von Heinz Walz. S. Dok. Anhang Nr. 4
9) Scheel, a. a. O., S. 8 ff.; Rühle, IV, S. 362 f.
10) Scheel, a. a. O., S. 11 ff.; Rühle, ebda, IV, S. 363
11) Rühle, ebda, V, S. 131 f.

12) Ebda, V, S. 134 ff.; Scheel, a. a. O., S. 24 ff.
13) Rühle, ebda, V, S. 138 f.; Scheel, a. a. O., S. 20 ff.
14) Eidesstattliche Erklärung von Prof. Dr. Wilhelm Classen v. 15. Juli 1949 PrASch
15) Rühle, ebda, V, S. 139 f., 1937. Dazu auch: „Zwischen den Völkern. Reichsstudentenführung und Confédération Internationale des Etudiants (CJE). Deutsche internationale studentische Arbeit", in „Geist der Zeit", April 1937, S. 303–305.
16) Eidesstattliche Erklärung von Dr. Eduard Friedel vom 5. Juli 1948. Dok. Anhang Nr. 5
17) Scheel, a. a. O., S. 20 ff.
18) Bescheinigung von Dr. Hermann Walz, Sekretär der Studiengemeinschaft der evangelischen Akademie, Stuttgart, den 2. April 1948. Dok. Anhang Nr. 6 und 7
19) Verordnungsblatt Reichsstudentenführung, Beauftragter für Langemarck. Betr.: Langemarckfeiern 1939. SLA
20) Die Langemarck-Regimenter 201 und 278 umfaßten Studenten und Facharbeiter aus Berlin-Moabit
21) Erklärung von Frau Dr. Marie-Luise Hilger, Leiterin der Vorstudienausbildung für Frauen v. 14. April 1948, PrASch.
22) S. 34 f.
23) Über das Scheitern der von Krieck eingeleiteten und von der Reichsstudentenführung unter Dr. Scheel unterstützten Wissenschaftsreform s. Müller, a. a. O., S. 138 ff.
24) „Dienstpflicht für jeden Studenten. Die Aufgabe und Durchführung der studentischen Dienstpflicht", in „Geist der Zeit", März 1940, S. 186–188.

Arbeit im Sicherheitsdienst (SD)

Dr. Scheel übte seine ehrenamtliche Tätigkeit als Reichsstudentenführer zunächst in Personalunion mit seinem Amt als Leiter des SD-Oberabschnitts Südwest mit Sitz in Stuttgart aus.

Im Herbst 1939 wurde er nach Kriegsbeginn zum Inspekteur der Sicherheitspolizei und des SD im Wehrkreis V (Stuttgart) ernannt. Als Inspekteur hatte er folgende Aufgaben:

Laufende Berichterstattung an den Höheren SS- und Polizeiführer sowie nach Berlin und an die Gauleitung Württemberg-Hohenzollern. Ferner bemühte er sich um einheitliche Richtlinien für Sport und Personalwesen aller Polizeidienststellen seines Bezirkes. Als Inspekteur konnte er jedoch nicht in die sachliche Arbeit der Kripo, Gestapo und des SD eingreifen.

Als Leiter des SD-Oberabschnitts Südwest von 1935–1939 legte er strenge Maßstäbe an sich und seine Untergebenen an. Charakterlich sauber, persönlich hochanständig, in dienstlichen Belangen stets maßvoll und tolerant, war er ein vorbildlicher Vorgesetzter. Seinem Vorbild gemäß erwartete er von seinen Mitarbeitern und Untergebenen die gleiche Gesinnung, Haltung und Gewissenhaftigkeit in der Pflichterfüllung. Seine hohen charakterlichen Anforderungen wurden von den vorgesetzten Berliner Dienststellen als überspitzt kritisiert; er ließ sich jedoch in keiner Weise von seiner Haltung abbringen. Er erwirkte auch die Absetzung der Leiter der Geheimen Staatspolizei in Karlsruhe (Bergmüller) und Stuttgart (Dr. Stahlecker), weil er sie charakterlich nicht für sauber, politisch für unduldsam und ungeeignet hielt. „Seine oft vorgetragene Ansicht vom Wesen des Nationalsozialismus war", wie einer seiner Mitarbeiter ihm bestätigte, „die Gegner unter Ablehnung von Zwang und Gewalt durch persönliche Sauberkeit, moralisch einwandfreies Leben und gesteigerte Leistung zu überzeugen". Er war deshalb auch Gegner von Schutzhaft und aller sonstigen polizeilichen Zwangsmaßnahmen und vertrat stets die Ansicht, daß die Ahndung von Rechtsverletzungen nicht Sache des SD oder der Gestapo, sondern der Justiz sei. Er hat auch nie eine Verhaftung veranlaßt. Seine Neigung, sein Interesse und seine Arbeitskraft galten weit mehr den studentischen Angelegenheiten als seiner Tätigkeit beim SD.[1] Zu seiner einfachen und bescheidenen Lebensweise paßte der

Betrieb von Parteifunktionären besonders in München ganz und gar nicht. Korruption, Mißbrauch politischer Macht, menschliche und dienstliche Verfehlungen bekämpfte er energisch.

Im SD-Nachrichtendienst sah er ein notwendiges Mittel zu verantwortungsbewußter Kritik innerhalb des autoritären Partei- und Staatssystems. In seiner religiösen Einstellung lehnte Scheel jedes Vorgehen gegen die Kirchen und sonstigen religiösen Gemeinschaften mit polizeilichen Methoden ab und war grundsätzlich gegen jede Vermengung des Nachrichtendienstes (SD) mit polizeilichen Aufgaben. Durch seine beispielhafte Lebensweise übte er eine tiefgehende positive Wirkung auf seine Umgebung aus.[2]

Trotz seines schweren Herzfehlers meldete sich Dr. Scheel zum Dienst in der Wehrmacht. Er wurde zur Sanitätsersatzkompanie der Luftwaffe im Frühjahr 1940 eingezogen. Dort schied er als Unterarzt aus, als er im Sommer 1940 auf Anordnung des Reichssicherhauptamtes (Heydrich) ins Elsaß als Befehlshaber der Sicherheitspolizei und des SD mit Sitz in Straßburg geschickt wurde. Unmittelbar nach Dienstantritt in Straßburg rief er die mit der regelmäßigen Stimmungs- und Lageberichterstattung beauftragten Männer zu einer Dienstbesprechung zusammen und hielt eine grundsätzliche Ansprache über seine Auffassung der SD-Berichterstattung, wie er sie seinerzeit in Berlin gelehrt hatte. Die SD-Lageberichte seien, so betonte er, „die einzige ungeschminkte allwöchentliche Kritik an den Maßnahmen der nationalsozialistischen Regierung, die in Deutschland existiere. Diese Lageberichterstattung müsse mit Offenheit und Genauigkeit schildern, wo die Bevölkerung der Schuh drücke und wie die Maßnahmen der Regierung sich auswirkten. Verantwortungsbewußtsein und Sauberkeit im Denken und Handeln seien für die Berichterstatter, die im autoritären Staat anstelle der früheren Presse- und Parlamentskritik getreten seien, das Wichtigste. Scheel wiederholte diesen Vortrag alle vier Wochen auch bei anderen Dienststellen in Stuttgart und München.[3]

Die von ihm erstatteten Berichte aus dem Elsaß zeigen ihn als einen unvoreingenommenen, nüchternen und sachlichen Beobachter. Gründliche Sachkenntnis und kritisches Urteil sprechen aus ihnen, so „Zur Lage der Landwirtschaft im Elsaß" vom 19. August 1940[4], „Meldungen zur wirtschaftlichen Lage im Elsaß" vom 2. September 1940[5] und „Allgemeine Lage und Stimmung im Elsaß" vom

9. September 1940.[6)] Im letztgenannten Bericht sind folgende Äußerungen elsässischer Arbeiter in badischen Betrieben zitiert: „Wir haben euch Nazis gehaßt, sehen in euch die übelsten Arbeiterverräter und Antreiber. Man kann von uns nicht erwarten, daß wir heute schon die Arme zum Gruß hochheben. Das eine aber können wir ehrlichen Sinnes erklären: Was wir bisher im Reich gesehen und gehört haben, das ist genau das Gegenteil von dem, was man uns all die Jahre gesagt hatte. Einen Wunsch haben wir alle, daß nämlich das, was wir hier gesehen haben, auch einmal drüben bei uns im Elsaß kommen möge."

Hier Dr. Scheels Bericht vom 19. August 1940:

Zur Lage der Landwirtschaft im Elsaß

Die Heu- und Getreideernte im Elsaß ist ebenfalls durch die Wetterverhältnisse ziemlich stark beeinträchtigt worden. Nach den vorliegenden Meldungen rechne man damit, daß der Heuertrag in den einzelnen Kreisgebieten etwa die Hälfte der Vorjahresergebnisse erbringen werde. Erhebliche Verzögerungen bei der Ernte seien auch dadurch eingetreten, daß sich sehr viele Bauern oder Bauernsöhne noch als Gefangene in Innerfrankreich befänden. So seien beispielsweise in der Gemeinde *Niedersulzbach* noch 30 Bauern bzw. Bauernsöhne in Gefangenschaft. Was das für die betreffende Gemeinde bedeutet, sei daran erkenntlich, daß es in Niedersulzbach nur insgesamt 39 ordentliche Bauernbetriebe gäbe.

Besonders mangelhaft ist die Einbringung der Ernte in den noch geräumten Gebieten, da hier weder Gespanne noch Arbeitskräfte in ausreichendem Maße zur Verfügung stehen. Auch wird die Frage der Futtermittelbeschaffung im elsässischen Gebiet immer schwieriger, zumal der elsässische Bauer aufgrund günstiger Bezugsmöglichkeiten von Kraftfutter den Zwischenfutterbau zum Teil vernachlässigt hat.

Die Lösung der Gespannfrage, sowie die Ersatzbeschaffung der landwirtschaftlichen Maschinen und Geräte bereitet – den Meldungen zufolge – vorerst noch große Schwierigkeiten. In den geräumten Orten fehle in den meisten Fällen alles. Die Holzgeräte seien von den Franzosen während des vergangenen Winters verbrannt worden. Maschinen und Geräte aus Metall seien völlig verrostet und daher zumeist unbrauchbar. Außerdem wurde bei Beginn der Evakuierung der größte Teil des landwirtschaftlichen

Wagenparks in rückwärtige Orte gebracht, wo er sich zum Teil auch heute noch befinde. Welche Schwierigkeiten sich in der Behandlung der Gespannfrage ergeben, zeigt eine Meldung aus dem Kreis Altkirch: „Hier wurden vom Kreisbauernführer 600 Pferde angefordert, von denen 190 gegen Verpflegung zugeteilt wurden. Da die Unterernährung der zugewiesenen Tiere teilweise jedoch bereits schon so groß war, daß auch eine jetzt einsetzende ausreichende Fütterung keinen Erfolg mehr zeigen konnte, sind bereits 20 Pferde von den 190 Pferden verendet. Von dem verbleibenden Rest sind weitere 30 % für landwirtschaftliche Arbeiten untauglich, weil sie zu klein und zu schwach sind."

Sehr stark tritt in letzter Zeit auch die Frage der *Preisgestaltung* im elsässischen Gebiet auf. So betrage z. T. der Erzeugerpreis für Milch im Kreise *Thann* 1,35 ffr. pro Liter. Der Verbraucher in Thann selbst aber bezahle 2,40 bis 2,50 ffr. pro Liter. Auch die Viehpreise für Schlachtvieh seien durch den jahrelangen Einfluß der Juden sehr stark gedrückt und stünden in keinem Verhältnis zu den verlangten Verbraucherpreisen.

Meldungen zur wirtschaftlichen Lage im Elsaß
Bereits seit dem 10. Mai 1940, also seit dem Beginn der Westoffensive, waren sämtliche Warenzufuhren aus den übrigen Teilen Frankreichs nach dem Elsaß vollständig gestoppt worden. Infolgedessen mußte nicht nur die elsässische Bevölkerung aus den vorhandenen Warenbeständen versorgt werden, sondern auch die im Elsaß stationierten französischen Soldaten griffen lediglich auf die elsässischen Vorräte zurück, so daß in kurzer Zeit ein ungeheurer Substanzverlust eintrat. In den geräumten Gebieten waren sämtliche Lager geräumt und zurückgeschafft worden. Die Juden, die einen hohen Prozentsatz der im Handel tätigen Bevölkerung stellten, evakuierten ebenfalls ihre Lager und verbrachten sie zum Teil in die Vogesen, zum größten Teil aber auch weiter zurück in das Innere Frankreichs. Nach dem Einmarsch der deutschen Truppen setzte in den nicht geräumten Gebieten infolge der günstigen Valutaverhältnisse ein äußerst starkes Aufkaufen ein, das zu einer weiteren empfindlichen Verknappung aller Waren führte. In den nicht geräumten Gebieten ergab sich aufgrund der geschilderten Umstände folgendes Bild: Die an sich schon geringen Vorräte der Einzelhändler wurden innerhalb kurzer Zeit vollständig erschöpft.

An eine Wiederauffüllung der Lager war nicht zu denken, einmal infolge Zerstörung der Verkehrsanlagen, zum anderen wegen Mangels an Betriebsstoff zur Durchführung der Transporte. Um die Versorgung der Zivilbevölkerung mit den notwendigen Lebensmitteln sicherzustellen, wurde daher bald nach dem Einmarsch der Verkauf von Nahrungsmitteln aller Art an Uniformierte von den Militärbehörden verboten. Der Verkauf von Textil- und Schuhwaren an die Zivilbevölkerung wurde ebenfalls bis zur Einführung der Bezugscheine untersagt.

Ähnlich war die Lage im Großhandel. Infolge des fehlenden Nachschubs seit dem 10. 5. 1940 waren die Lagerbestände erheblich gelichtet und die noch vorhandenen Waren konnten nicht, selbst wenn die Großhändler den Willen dazu hatten, ausgeliefert werden, da die Transportmöglichkeiten fehlten.

Ungleich schwieriger stellte sich die Lage in den geräumten Gebieten dar. Von einem Handel konnte hier überhaupt nicht gesprochen werden, da die Bevölkerung evakuiert und auch sämtliche Waren zurückgeschafft worden waren. Von den deutschen Zivilbehörden wurden sofort Maßnahmen ergriffen, wenigstens soviel Einzelhandelsgeschäfte in Gang zu setzen oder geöffnet zu halten, um die Versorgung der Bevölkerung sicherzustellen. Aus dem Altreich wurden Lebensmittel eingeführt und über Großverteiler an die Kleinhändler weitergegeben. Und nun der Bericht:

Volkstum und Volksgesundheit

Allgemeine Lage und Stimmung im Elsaß
Die Stimmung der elsässischen Bevölkerung wird nach vorliegenden Meldungen noch als durchaus uneinheitlich geschildert. Die Beeinträchtigung der Stimmungslage, die durch die Preisangleichung, durch die einzelne Bevölkerungsschichten besonders hart getroffen wurden, entstanden war, hat sich nach der über den Reichssender Stuttgart verbreiteten Rede des badischen Finanz- und Wirtschaftsministers inzwischen etwas gebessert, zumal ein entsprechender Härteausgleich vom Minister zugesichert wurde.

Stimmungsmäßig nachteilig wirkt sich noch immer die Sorge um die noch in Innerfrankreich lebenden Elsässer aus, zumal viele Heimkehrer erzählen, daß nur der die notwendigen Ausweispapiere bekommen könne, der in der Lage sei, Bestechungsgelder zu zahlen.

Gepäck über 50 kg muß zurückbleiben und sei eine willkommene Beute der Juden. Darüber hinaus seien häufig Nachrichten über eine Teuerung im Elsaß in Südfrankreich verbreitet, die viele Rückgeführte dazu bestimmt hätten, vorerst in Frankreich zu bleiben. Die Entlassung aus dem französischen Heer komme zwar allmählich in Gang, man verweigere den Männern jedoch mit den unwahrscheinlichsten Begründungen die Aushändigung ihrer Papiere. Neuerdings würden die in Innerfrankreich lebenden jungen wehrdienstfähigen Elsässer zum französischen Arbeitsdienst gezwungen, die infolgedessen versuchten, auf Fahrrädern in das besetzte Frankreich zu gelangen, um sich so dem Zugriff der französischen Behörden zu entziehen. Zahlreiche Briefe, die von elsässischen Fremdenlegionären stammen, wirkten sich darüber hinaus stimmungsverschlechternd aus. Die elsässischen Fremdenlegionäre seien während des Krieges in den Evakuierungs- und Internierungslagern unter stärkstem Druck für die Fremdenlegion verpflichtet worden. In ihren Briefen hieß es häufig, sie müßten in der Gegend südlich Meknés unter schwerster Aufsicht fünf Tage in der Woche Ziegelsteine herstellen, in Zelten schlafen und würden schlimmer als Sträflinge behandelt. Besonders hätten sie auch unter dem Klima und ansteckenden Krankheiten zu leiden. Diese Briefe gingen, so wird berichtet, beim Schlangestehen vor den Geschäften im Elsaß von Hand zu Hand.

Dabei fielen empörte Worte gegen die Franzosen, aber auch gegen die Untätigkeit der deutschen Behörden, insbesondere der Waffenstillstandskommission, die hier nicht genügend eingreife.

Die Opposition, die sich in den Kreisen der Arbeiterschaft gegenüber dem neuen Deutschland noch bemerkbar mache, sei auf die außerordentlich starke Verhetzung durch marxistische Elemente zurückzuführen. Darüber hinaus versuchte die katholische Aktion durch eine im Stillen geführte Propaganda die Bevölkerung aufzuhetzen.

Aus den Meldungen geht weiter hervor, daß die Arbeiter- und Betriebsführerverschickung in das Reich, die von den Arbeitsämtern laufend fortgesetzt wird, sich weiterhin gut auswirke.

Als Leiter der Dienststelle in Straßburg war Scheel besonders auf korrektes und humanes Benehmen der Polizeibeamten bedacht. So verhinderte er den Erwerb beschlagnahmter Gegenstände und setzte sich für gute Bezahlung und ordentliche Lebensbedingungen des unteren Dienstpersonals ein. Er verstand es, durch sein persönliches Vorbild jegliche Entwicklung eines unerfreulichen Etappenlebens zu verhindern. Bei der Behandlung der elsässischen Bevölkerung handelte er nach dem Grundsatz größtmöglicher Milde. Er übte keinerlei Exekutive aus, kein Elsässer kam auf seine Veranlassung ins Gefängnis, ins Zuchthaus oder ins KZ; es gab auch keinen Todesfall.

Dr. Scheel war dem Höheren Polizei- und SS-Führer Robert Wagner unterstellt. Wagner war streng und hart, ohne Verständnis für die elsässische Bevölkerung. Dr. Scheel bemühte sich, Härten zu mildern, auszugleichen, wenn möglich ganz zu vermeiden. Er selbst lebte einfach, bewohnte nur ein Zimmer, erwarb kein beschlagnahmtes Vermögen. Er unterstützte jedes Milderungsgesuch, führte keinen Haftbefehl, keine Schutzhaft aus. Mit Erfolg bemühte er sich um Freilassung prominenter Elsässer und suchte Ausweisungen zu unterbinden. Er mißbilligte auch besonders die Ausweisung von Juden. Schließlich brachte er es fertig, die von höchster Stelle angeordnete Ausweisung von 150 000 Elsässern ins unbesetzte Frankreich zu sabotieren; statt der 150 000 wurden nur 6000 ausgewiesen.

Dadurch erregte er den Zorn Wagners und Heydrichs. Dieser kritisierte ihn als viel zu „weich". Scheel wurde deshalb auf eigenen Wunsch zu Beginn des Jahres 1941 aus dem Elsaß abberufen. Die Tatsache, daß die Franzosen nach der Kapitulation gegen ihn nichts vorzubringen und ihn auch nicht auf die Auslieferungsliste gesetzt hatten, war der beste Beweis für sein anständiges und korrektes Verhalten. „Als Präsident der Evangelisch-lutherischen Landeskirche im Elsaß während der Jahre 1940–1944 bezeuge ich gerne", schrieb Pfarrer Charles Maurer am 23. Oktober 1946, „daß ich den einstigen Reichsstudentenführer und nachmaligen Gauleiter Dr. Scheel in seiner Eigenschaft als Führer des SD in Straßburg in den ersten Monaten der deutschen Besetzung kennengelernt habe und bei ihm wohlwollendes Verständnis für die besonderen Nöte unseres Landes gefunden habe. Er hat mir mehrfach bei Ausweisungen, die eine Reihe unserer Pfarrer bedrohten, wertvolle Dienste geleistet und galt im Lande als human und gerecht handelnder Beamter."[7]

Zu Beginn des Jahres 1941 war Dr. Scheel für einige Monate SS-Oberabschnittsführer in Salzburg, ohne in dieser Funktion aktiv zu werden. Im April 1941 wurde er Inspekteur der Sicherheitspolizei und des SD in München und zum Generalmajor der Polizei befördert. Hier erwirkte er die Abberufung des von Gauleiter Adolf Wagner und auch von Hitler protegierten Intendanten Fritz Fischer und trug auch zur Ausschaltung von Julius Streicher bei. Sein Ausscheiden aus dem SD-Dienst im Zusammenhang mit seiner Berufung zum Gauleiter von Salzburg war nicht zuletzt auf seine offene, scharfe Kritik an Heydrichs Amtsführung zurückzuführen.

Auf Vorschlag des bisherigen Gauleiters von Salzburg, Dr. jur. Friedrich Rainer, wurde Dr. Scheel am 18. November 1941 dessen Nachfolger. Am 27. November 1941 erfolgte seine Ernennung zum Reichsstatthalter und zum SS-Obergruppenführer. Am 11. Dezember 1942 wurde er zum Reichsverteidigungskommissar für den Gau Salzburg ernannt. Für die Reichsregierung Dönitz war er in Hitlers Testament vom 29. April 1945 als Reichskultusminister vorgesehen.

Anmerkungen

1) Eidesstattliche Erklärung Heinrich Bernhard v. 7. 7. 1948, PrASch
2) Eidesstattliche Erklärung v. Herrn Georg Elling, undatiert, PrASch.
3) Bestätigung v. Walter Koch v. 6. 11. 1948. PrASch.
4) Boberach; Meldungen aus dem Reich, 4. Bd., S. 1489
5) Ebda, S. 1535
6) Ebda, S. 1556 f.
7) Bestätigung Walter Koch v. 22. November 1948, PrASch

Gauleiter und Reichsstatthalter in Salzburg
November 1941—Mai 1945

Die „Salzburger Landeszeitung" vom 28. November 1941 brachte unter der Schlagzeile: „Neue Gauleiter in Salzburg und Kärnten" die Mitteilung, daß der Reichsorganisationsleiter Dr. Ley die Verabschiedung des bisherigen Gauleiters Dr. Rainer und die Amtseinführung des neuen Gauleiters Dr. Scheel tags darauf vornehmen werde. Die Partei-Organisationen führten an dem Wochenende 29./30. November 1941 eine große Kundgebung durch, welche die Amtsübergabe umrahmte. Dr. Scheel führte in seiner Antrittsrede u. a. aus: „... Der Krieg stellt besonders schwere und harte Anforderungen an uns alle auch in der Heimat. Unsere Kameraden an der Front kämpfen unmittelbar für den Sieg. Ihnen gilt in dieser Stunde unser Dank und Gruß. Die Opfer, die gebracht werden müssen, sind im einzelnen oft sehr schwer. Jeder Volksgenosse dieses Gaues, der einen Angehörigen im Felde im Kampf für Deutschlands Freiheit verliert, wird aber auf meine besondere Hilfe und Anteilnahme rechnen dürfen.

Dieser Gau, der zu den schönsten des Reiches gehört, den ich jetzt zu führen die Ehre habe, hat eine bedeutungsvolle kulturelle Aufgabe zu allen Zeiten gehabt und wird diese auch in Zukunft fortführen und lösen. Salzburg wird nach dem Beispiel Dr. Rainers für die nationalsozialistische Kulturauffassung und Kulturgestaltung vorbildlich sein und bleiben müssen. Als Nationalsozialist will ich nun an die neue Aufgabe herangehen. Wo ich auch bisher im Auftrage des Führers tätig war, habe ich als Nationalsozialist und Parteigenosse niemals eine Sparte oder ein einzelnes Gebiet der nationalsozialistischen Arbeit, sondern immer das Ganze gesehen, immer für das Ganze gearbeitet. So verpflichte ich mich auch als Gauleiter, allen Gliederungen der NSDAP zur Seite zu stehen und insbesondere die Jugend in ihrem Aufbau- und Erziehungswerk tatkräftig zu unterstützen. Allen politischen Leitern und Hoheitsträgern will ich bester Kamerad sein..."[1] Dr. Scheel hatte drei wesentliche Aufgaben in seiner Ansprache herausgestellt: die Betreuung der Angehörigen der Frontsoldaten, die traditionsreiche kulturelle Aufgabe des Gaues Salzburg und die Betreuung der Jugend.

Auch als Gauleiter behielt er seine ehrenamtliche Stellung als Reichsstudentenführer bei und widmete sich, soweit es ihm möglich war, den studentischen Angelegenheiten. In dem Bericht über die Amtseinführung Dr. Scheels heißt es dazu: „Auch die Langemarckstudenten sangen Kampflieder. Im Laufe des Nachmittags wurden die Studenten vom Bevollmächtigten des Reichsstudentenführers im Beisein des Gauleiters dem Reichsorganisationsleiter vorgestellt. Sichtlich beeindruckt von den Ausführungen des Bevollmächtigten und von der eingehenden Unterhaltung mit den Studenten, versprach Dr. Ley dem Langemarckstudium die weitestgehende Unterstützung durch die Deutsche Arbeitsfront."

Der Gau Salzburg, den Dr. Scheel im November 1941 übernahm, war mit 250 000 Einwohnern der kleinste im Großdeutschen Reich.[2] Scheel leitete sein Amt nach streng preußischer Auffassung: er fühlte sich für das Volksganze verantwortlich ohne Rücksicht auf Partei-Interessen, Ideologie, Religion oder Konfession und diente dem Volksganzen und dem Staate im überparteilichen Sinn. Als Vorgesetzter lebte er seinen Beamten, Angestellten und Funktionären das Vorbild des dem Volk und Staat Dienenden vor. Im Sommer erschien er morgens 7 Uhr im Büro, im Winter um 7.30 Uhr. Als infolge der sich verschärfenden Kriegslage die Benzinversorgung immer schwieriger wurde, ging er häufig zu Fuß oder fuhr mit dem Fahrrad. Auf dem Wege wurde er häufig von einfachen Leuten angehalten, die die Gelegenheit benutzten, ihre Sorgen an ihn heranzutragen und seine Hilfe zu erbitten. Scheel hatte für jedermann ein freundliches Wort und wies niemals einen Bittsteller ab; vielmehr bemühte er sich zu helfen, wo und wie es ihm irgend möglich war. Er war bei der Bevölkerung allgemein beliebt und hatte keine persönlichen Feinde.

Seinen Mitarbeiterstab setzte er wie bisher nach rein sachlichen Gesichtspunkten zusammen, ohne Rücksicht auf Parteizugehörigkeit oder gar Parteiprotektion. Sauberer Charakter, guter Leumund, sachliches Wissen und fachliches Können waren die leitenden Gesichtspunkte bei der Auswahl der Beamten und Angestellten. Er fragte nie nach Parteizugehörigkeit, stellte auch an seine nächsten Mitarbeiter, die Sekretärinnen usw., nie die Frage nach Parteimitgliedschaft oder das Ansinnen auf Eintritt in die NSDAP. So beschäftigte er in seinem Amte und in seiner Verwaltung nicht nur Parteilose, sondern sogar Gegner des Nationalsozialismus.

Als Beispiel mag Frau Gertrude Huber dienen. Es war bekannt, daß ihr Vater Gegner des Regimes war. Sie selbst war kein Parteimitglied, wurde als Sekretärin von Dr. Scheel beschäftigt und nach Kriegsende in die neue Landesregierung übernommen. Sie war Zeuge, wie sich Dr. Scheel für verhaftete Sozialdemokraten und Kommunisten einsetzte, sich fernmündlich und schriftlich um Begnadigungen an die Kanzlei des Führers, an den Reichsjustizminister Thierack und an den Reichsführer SS Himmler wandte. Beim Landratsamt Pongau und bei der Reichsstatthalterei waren zwei Beamte tätig, die beide aus der Partei ausgeschlossen worden waren, Herr Dr. Grün und Herr Benedikt. Herr Bergles, wegen Hochverrats zu längerer Freiheitsstrafe verurteilt, wurde wieder angestellt. Herr Neumayr, vom Gauleiter aus dem Gefängnis befreit, wurde ebenfalls wieder in der Behörde beschäftigt. Nach dem Einmarsch der Amerikaner in Salzburg wurde er Bürgermeister. Mehrere höhere Beamte, als Regimegegner bekannt, nämlich Dr. Hoch, Dr. Kury, Dr. Ledochowski, wurden vom Gauleiter als fachlich bewährte und charakterlich wertvolle Mitarbeiter gehalten. Dr. Scheel scheute sich auch nicht, Parteigenossen, die ihn enttäuschten, versetzen zu lassen, so z. B. Regierungsdirektor Dengler.[3] Er war auch bemüht, reichsdeutsche Beamte möglichst fernzuhalten, und bevorzugte Einheimische in den Ämtern; vor allem auch seine Adjutanten und Sekretärinnen waren Einheimische.

Regierungspräsident Dr. Laue schildert die persönliche Lebensführung Scheels als vorbildlich: „Ich war bei ihm wiederholt zu Gast und konnte sein ausgezeichnetes Familienleben und die wahrhaft bescheidene Lebenshaltung beobachten. Er war im Sommer um 7 Uhr und im Winter um 7.30 Uhr im Büro. Morgens ging er meist zu Fuß den mehr als halbstündigen Weg von seiner Wohnung ins Büro, wobei ich ihn häufig traf. Auf dem Weg vom und zum Büro habe ich Dr. Scheel auch wiederholt radfahrend getroffen. Ich habe nie das geringste davon gehört, daß Dr. Scheel Saufereien veranstaltete oder Weibergeschichten hatte, was in den kleinen Salzburger Verhältnissen nie hätte verborgen bleiben können. Er besaß keinen Grundbesitz (seine Dienstwohnung war nicht sein Eigentum), kein Landgut, keine Segel- oder Motorboote. Seine Frau mit vier Kindern führte den Haushalt meines Wissens mit nur einer ständigen Hausangestellten. Dr. Scheel häufte kein Vermögen an: ich erinnere mich eines Gesprächs mit ihm, wobei er

feststellte, daß sein Vermögen noch nicht 20 000 Mark betrug."[4]
Alle, die dienstlich oder privat mit Dr. Scheel zu tun hatten, bestätigten diese schlichte, einfache und bescheidene Lebenshaltung. Es fehlte dem Gauleiter auch nicht an persönlichen Sorgen und familiären Belastungen: seine jüngste Schwester verlor ihren Mann nach kurzem Fronteinsatz im Osten. Die Wohnung seines Vaters wurde durch Bombenangriffe total zerstört. Im Februar 1945 kamen seine Schwiegereltern bei dem britisch-amerikanischen Terrorangriff auf Dresden ums Leben. –

Landwirtschaft und Bauerntum fanden seine Fürsorge durch Förderung der Aufbaudörfer, Beschaffung von Seilaufzügen, Maschinen, Düngemitteln, Anlage von Wirtschaftswegen, Steigerung der landwirtschaftlichen Bauten. Für den Gau Salzburg beschaffte Dr. Scheel zusätzlich mehrere Millionen Reichsmark für Sozialmaßnahmen, Brücken- und Straßenbau, für die Erweiterung und Verbesserung der Krankenanstalten, für die Hebung der Landwirtschaft und für die Pflege von Volkstumseinrichtungen. Er erwarb für Salzburg nach langen und schwierigen Verhandlungen die Festung Hohensalzburg. Ferner ließ er 1944 aus Würzburg die Universitätsinsignien zurückholen.

Um keinen zusätzlichen Anreiz für Luftangriffe zu schaffen, lehnte er mit Erfolg jegliche Rüstungsverlagerung in den Raum Salzburg ab. Ruf und Ruhm Salzburgs als Kunststätte und Sitz der Festspiele lagen ihm am Herzen. Im Januar 1943 eröffnete dort Sven Hedin die Tibetausstellung des Leiters der Tibetexpedition Dr. Schäfer im Haus der Natur. Die Reichsstudentenführung stellte Werke von Kunststudenten aller Fachgebiete in der Residenz aus.

Auch die Festspiele liefen wie schon unter Dr. Scheels Vorgänger, Dr. Rainer, weiter. Sie wurden im Sommer 1943 in „Salzburger Theater- und Musiksommer" umbenannt. Generalmusikdirektor Clemens Krauß leitete sie. Erstmalig in Salzburg wurde von ihm im Jahre 1942 „Arabella" von Richard Strauß einstudiert. Dirigentennamen wie Edwin Fischer, Karl Böhm, Ernest Ansermet, Wolfgang Schneiderhan standen auf den Programmen. Der totale Kriegszustand ließ im Sommer 1944 keine Festspielstimmung mehr zu. Am 14. August 1944 dirigierte Furtwängler das letzte Konzert mit den Wiener Philharmonikern. Clemens Krauß konnte zur Freude von Richard Strauß noch die Generalprobe von dessen Werk „Die Liebe der Danae" durchführen. Die Zuhörerschaft setzte sich im wesentlichen aus Soldaten und Verwundeten zusammen.

Neben der Pflege der klassischen Musik wandte sich der Gauleiter auch jener des Brauchtums zu. Zu diesem Zweck gründete er am 10. Dezember 1942 das Salzburger Heimatwerk. In seiner Rede zur Gründung des Heimatwerkes führte er u. a. aus:

„Die kulturellen Regungen gründen sich zunächst auf einer viel natürlicheren Grundlage, die aus dem Volksempfinden wächst. Wir nennen diese die Volkskultur... Sie weckt die Ehrfurcht vor den Ahnen und den Vätern, deren Andenken in bestimmten kulturellen Sinngebungen weiterlebt. Sie stärkt das Verantwortungsgefühl gegenüber den Kindern, die in dieser ewigen Ahnenreihe stehen und sie weitertragen... Ein gemeinsam gesungenes Lied, ein regelmäßig ausgeübter gemeinsamer Brauch stärkt dieses Gemeinschaftsgefühl. Kultur erschöpft sich", so fuhr er fort, „niemals allein in Theateraufführungen und Ausstellungen bildender Kunst, sondern liegt in den Kräften des Volkstums verwurzelt. Als Gebirgsland in der Mitte der übrigen Alpengaue ist der Reichsgau Salzburg nicht nur ein Sammelpunkt alter Kulturüberlieferungen, sondern er bewahrt auch ein besonders reichhaltiges eigenes, bodenständiges Brauchtum." Zu seiner Pflege wird das „Heimatwerk Salzburg, Gemeinschaft für Volks- und Brauchtumspflege" gegründet.

Als Einzelarbeitsgebiete stellte der Gauleiter heraus: die Volksmusik, vor allem auf dem Lande, dem Dorfe, die Förderung des Volksliedes, den Volkstanz und die vielen überlieferten Volkstumsbräuche wie Perchtenlauf, Frühjahrs- und Maibräuche, Sonnwend- und Erntefeiern, Rauhnachtsbrauchtum. Für die Kleidung hob er die Tracht als Ausdruck heimatlicher Verbundenheit hervor. „Die Tracht wird das Ehrenkleid des Salzburgers in Arbeits- und Festtracht sein müssen." Ferner nannte er die Laienspiele mit Musik, Spiel und Tanz und die Volksdichtung, die bodenständigen handwerklichen Arbeiten, besonders das bäuerliche Spinnen und Weben sowie die ländliche Pflege des Gemeinschaftssinns. Entsprechend sollten bestehende Schützenvereine gefördert, neue gegründet werden. Zu den weiteren Aufgaben des Heimatwerkes zählte er die Pflege der Bauerngärten, die Entwicklung der Hausgeräte, die Anlage eines Alpinums mit allen Alpenpflanzen, das Beschaffen schönen Pferdegeschirrs. Für die Durchführung der umfangreichen Aufgaben des Heimatwerkes gründete er einen Kulturrat mit zahlreichen Beauftragten für die vielen einzelnen Sachgebiete.

Mit Recht konnte Dr. Scheel das Heimatwerk „als seine ureigenste Schöpfung" betrachten. Wegen seines streng überparteilichen Charakters bestand es nach 1945 weiter: „Gerade dadurch, daß der Schwerpunkt der Politik Dr. Scheels in der Volkstumsbetreuung lag, sind die Richtlinien und Erfolge noch vorbildlich für die gegenwärtige Heimatpflege, die ich neuerdings zu betreuen seit Jänner 1949 die Ehre habe", schreibt einer seiner Mitarbeiter in der eidesstattlichen Bestätigung.[5]

Beim Wohnungs- und Befehlsheimbau lehnte er den von Dr. Ley befohlenen Behelfsheimtyp („Ley-Hütte") ab und ordnete eine eigene solide Bauausführung an.

Wie schon oben hervorgehoben, war Dr. Scheel darauf bedacht, eine Überfremdung des Gaues durch „Reichsdeutsche" zu verhindern. Das galt nicht nur für die Verwaltung, die er mit Einheimischen betreute, selbst wenn sie Regimegegner waren, sondern auch für die Abwehr des Ansturms von „Prominenten" des Dritten Reiches beim Erwerb von Baugrundstücken und Häusern. Hier schob er energisch einen Riegel vor. So lehnte er den Wunsch Dr. Morells, des Leibarztes Hitlers, ab, ein Grundstück in Salzburg zu erwerben, und das trotz Hitlers Befürwortung, ebenso Bormanns Versuch, für den Parteibesitz Grundstücke im Salzburgischen anzukaufen. Auch andere Parteidienststellen mit gleichen oder ähnlichen Anliegen stießen auf seine entschlossene Ablehnung. Schließlich beantragte er ein Führerverbot für die Unterbringung von Parteidienststellen im Land Salzburg.[6]

Das Amt als Reichsdozentenführer bekleidete Dr. Scheel nur dreiviertel Jahre seit Anfang Juli 1944. Er legte Wert darauf, es nur kommissarisch zu leiten, bis ein Hochschulprofessor dafür gefunden war. In dieser Eigenschaft hatte er eine Auseinandersetzung mit dem Reichsjustizminister Dr. Thierack. Dieser strebte danach, den rechts- und staatswissenschaftlichen Fakultäten ihre Selbständigkeit zu nehmen und die rechtswissenschaftliche Forschung dem Einfluß der Partei zu unterwerfen. Dank der energischen Unterstützung Dr. Scheels konnten diese Fakultäten ihre Unabhängigkeit behaupten.[7] Zu seiner Beratung und Unterstützung schuf Dr. Scheel einen „Führungskreis des Dozentenbundes" aus 25 Professoren der verschiedensten wissenschaftlichen Fachgebiete.[8] Für den August 1944 berief Dr. Scheel in seiner Eigenschaft als Reichsdozentenführer eine Tagung einer größeren Anzahl Professoren nach Salzburg zur Besprechung dringender wissenschaftlicher Fragen ein. So kam auch das Problem der Papierzuteilung für die Drucklegung wissenschaftlicher Arbeiten zur Sprache. Scheel wandte sich in Anwesenheit eines Vertreters des Reichspropagandaministeriums gegen den beherrschenden Einfluß dieses Ministeriums in dieser Angelegenheit. Die Frage der Papierzuteilung sollte nach seiner Ansicht im Rahmen der Selbstverwaltung der Hochschulen geklärt werden. Ebenso setzte er sich für die Grundlagenforschung ein und nahm gegen einen Vorrang der zweckbedingten Forschung Stellung. Er betonte auch die Notwendigkeit, eine Abhängigkeit von der Industrie unbedingt zu vermeiden. Ferner wurden auf der Tagung Maßnahmen besprochen, um einen unsachlichen Einfluß hochschulfremder Parteidienststellen auf die Personalien der Universitäten und auf den sachlichen Inhalt der Lehrtätigkeit zu verhindern. Alle Tagungsteilnehmer gewannen den Eindruck, daß Dr. Scheel sich voll für die Selbständigkeit der Universitäten einsetzte. Die ganze Aussprache war freimütig und erfolgte mit offener Kritik.[9]

Dr. Scheel stand auch als Gauleiter in grundsätzlichen Fragen der Ideologie wie der Parteipraxis gegen Tendenzen des herrschenden Systems. Er hatte den Mut, nicht nur mündlich und schriftlich Kritik zu üben; bei seinem Tun und Lassen als Reichsstudentenführer, als Gauleiter, als SS-Führer folgte er grundsätzlich seinem Gewissen, oft im Widerspruch zu seinen Vorgesetzten und deren Anordnungen.

Staunenswerterweise verstand er es immer wieder, sich durchzusetzen, nicht selten unter persönlicher Gefahr. So übte er 1939 in einem vertraulichen Rundschreiben, das sich mit den Aufgaben des studentischen Nachwuchses befaßte, scharfe Kritik am „Bonzentum der Partei" und an der sittlichen Laxheit und Entartung der Parteiführung. In dem Rundschreiben lehnte er Gestapo-Maßnahmen ab und warnte vor Unduldsamkeit. „Ohne Möglichkeit der Kritik ist kein Studium und keine Wissenschaft möglich", betonte er immer wieder.[10]

Dr. Scheel sah in seiner Ernennung zum Gauleiter ein bewußtes Herausstellen eines Akademikers durch die Parteiführung.

Der wirksame Schutz der Salzburger Bevölkerung gegen den britisch-amerikanischen Luftterror war für den Gauleiter ein Hauptanliegen. Salzburg war Luftschutzort II. Ordnung und hatte keinen Anspruch auf Unterstützung von Luftschutzmaßnahmen. Ein Plan für einen Stollenbau lag vor. Dr. Scheel verstärkte auf eigenes Risiko die Arbeiten hierfür. Als Hitler im Frühjahr 1943 den ungarischen Reichsverweser Admiral Horthy im Schloß Kleßheim empfing, erwirkte Gauleiter Dr. Scheel bei ihm die Genehmigung von Reichsmitteln, Arbeitskräften und Material. Hitler sprach ihm alles ohne Protokoll zu. So konnte der Ausbau der Luftschutzstollen mit größter Energie vorangetrieben werden; damit wurde der Schutz für 70 000 Menschen gewährleistet. Zehntausende Menschenleben konnten so gerettet werden, als ab der zweiten Jahreshälfte 1944 die britisch-amerikanischen Luftangriffe sich steigerten. Der Salzburger Erzbischof Rohracher schrieb zu dieser Maßnahme Dr. Scheels am 17. Dezember 1946: „Besonderen Dank ist ihm die Stadt Salzburg schuldig für die von ihm getroffenen Maßnahmen gegen den Luftkrieg, indem er den Stollenbau vorantrieb, durch den wenigstens das Leben mehrerer Zehntausend von Menschen gesichert wurde."[11] Auch der Sozialist und erste Nachkriegsbürgermeister von Salzburg, Neumayr, bestätigte dies mit Schreiben vom 22. Mai 1947: „Was die Schaffung von Luftschutzstollen betrifft, so ist richtig, daß Dr. Scheel alles daran setzte, daß die Bergstollen in Mönchsberg, Kapuzinerberg und Nonnberg und dann die weiteren Stollen in Grödig und Hallein ehebaldigst in Angriff genommen und fertiggestellt wurden."[12] Trotzdem hatte Salzburg noch 500 Todesopfer zu beklagen.

Dr. Scheel setzte sich, wie schon erwähnt, grundsätzlich für politisch, rassisch und religiös Verfolgte ein, wie ihm der nichtarische Arzt Dr. Seubert bescheinigt: „Als Reichsstudentenführer und später als Gauleiter entgegen dem strengen Befehl, mit nichtarischen Ärzten nicht zu verkehren, hat er weiterhin aufs freundschaftlichste zu mir gestanden. Er hat mich nicht nur des öfteren besucht, sondern mir auch dadurch trotz des obenerwähnten Verbotes zur Seite gestanden, daß ich es ihm wohl zu verdanken habe, daß ich auf meinem Posten als Chirurg am Diakonissenhaus während der ganzen Hitlerzeit als nicht rein arischer Arzt weiter tätig sein konnte. Herr Scheel hat auch nach außen hin aus dem weiteren Verkehr mit mir und meiner Familie keinen Hehl gemacht, indem er mir gelegentlich meines 70. Geburtstages offiziell ein Glückwunsch-Telegramm übersandte, auf dem er nicht nur mit seinem Namen, sondern auch als Gauleiter unterzeichnete."

Zur Zeit der Amtsübernahme von Scheel lebte in Salzburg noch eine Anzahl von Juden und Halbjuden. Jeder von seinem Referenten ihm genannte wurde vor der Deportation bewahrt. Sein persönlicher Referent, Major Hansel, berichtet dazu: „Aufgrund meines Vortrages hat Dr. Scheel seine Zustimmung gegeben, die nachbenannten Personen nicht in ein Judenarbeitslager zu geben." Und Dr. Gmelin schrieb am 27. Mai 1947 dazu: „Ich habe ein Gesuch an den Gauleiter gerichtet und ihn gebeten, daß in diesem Fall (es handelt sich um eine Angestellte der Bausparkasse Wüstenrot) von einer Verschickung Abstand genommen würde, und die näheren Gründe, die diesen Fall als berücksichtigungswürdig darstellen, dargelegt. Gauleiter Dr. Scheel hat – offensichtlich in dem Bemühen, alle gegen Juden gerichtete Maßnahmen, soweit es in seiner Macht lag, irgendwie abzumildern – daraufhin dem Gausippenamt als auch der Geheimen Staatspolizei die Weisung erteilt, den Fall bis nach Kriegsende zurückzustellen."[13]

Trotz eines strengen Verbotes für die Gauleiter, sich für die sogenannten Staatsfeinde zu verwenden, bemühte sich Dr. Scheel, vor allem auch zum Tode verurteilte Kommunisten und Sozialdemokraten zu retten.[14]

Mehrfach wandte er sich aufgrund der Vorsprache von Familienangehörigen der Verurteilten an die Kanzlei des Führers und sprach fernmündlich mit Reichsleiter Bouhler. Er fuhr sogar zu Reichsjustizminister Dr. Thierack und setzte sich bei ihm für alle Verurteilten ein. Dieser verwarnte ihn mit Berufung auf ein strenges Verbot Hitlers. Trotz des Verweises ging Dr. Scheel den Justizminister noch mehrere Male an. Er erreichte tatsächlich die Begnadigung einer ganzen Anzahl verurteilter Personen. Rechtsanwalt Dr. Zeppezauer führt allein sechs Namen von Verurteilten an, die durch Dr. Scheels persönliches Eingreifen begnadigt wurden.[15] Es gelang ihm auch die Entlassung von Dr. Grasmayr, dem Vater der Salzburger Widerstandsbewegung, aus dem KZ Freilassing zu erwirken, ebenso jene des ersten Nachkriegsbürgermeisters Dr. Neumayr, des späteren Landesrates Kraupner und Frau Pflanzls, das alles gegen den Widerstand des Leiters der Staatspolizei.[16] Auch Frau Hangler wurde durch Dr. Scheel aus eineinhalbjähriger Haft befreit. Sie schreibt dazu: „Ich habe also im Chef der damaligen Gauleitung, Herrn Dr.

Scheel, einen Menschen kennengelernt, der mir in dem Chaos von Unrecht und Gewalttätigkeit des Naziregimes einen tröstlichen Lichtblick auf humanes Menschentum gestattete."[17]

Die große Anzahl derjenigen, die durch Dr. Scheel Hilfe erhielten, spricht für seinen persönlichen Mut und sein ständiges Bemühen, immer zu helfen, wenn es ihm dank seiner Amtsbefugnisse irgend möglich war. Zur inneren Begründung seines Einsatzes für Leben und Freiheit vieler Menschen genügte ihm die schlichte Feststellung: „Es sind deutsche Volksgenossen meines Gaues." Begreiflicherweise war er auch ein Gegner der Euthanasie und lehnte alle Maßnahmen in dieser Richtung kategorisch ab. So berief er zum Leiter der Anstalt für Geisteskranke einen streng katholisch gesinnten Arzt und sorgte für die Zurückhaltung der bei seinem Amtsantritt in Salzburg noch lebenden Geisteskranken.

Dr. Scheel bemühte sich auch ständig um ein gutes Verhältnis zur katholischen Kirche. Sein Entgegenkommen zeigte sich besonders beim Überprüfen der Haushaltspläne. Dadurch bot er dem erzbischöflichen Ordinariat die Möglichkeit, zusätzliche Gelder zu erhalten, was ihm eine Rüge von der Parteikanzlei einbrachte.[18] Außerdem scheint er die Bestallung von Pfarrern niemals abgelehnt zu haben.[19] Er ließ die Gottesdienstzeiten jenen der Jahre vor 1938 angleichen, um Härten zu vermeiden. Er half dem Fürsterzbischof, wo und wann immer es ihm möglich war, wie Dr. Rohracher bezeugt: „In meinem dienstlichen Verkehr mit dem Gauleiter fand ich für die kirchlichen Interessen nicht nur Verständnis, sondern auch Hilfe. Es gelang, einige die kirchliche Freiheit besonders einschränkenden Verfügungen seines Vorgängers zu mildern, so z. B. die Einschränkung der Zeit für die Abhaltung des sonn- und feiertäglichen Gottesdienstes auf dem Lande. Die Abhaltung von Fronleichnamsprozessionen gestattete er." Als bei der Inthronisation des Fürsterzbischofs in Salzburg am 10. Oktober 1943 und später in Hallein die HJ und der BdM Gegendemonstrationen veranstalteten, verwarnte Dr. Scheel die zuständige Gebietsführung und sorgte für personelle Veränderungen.[20]

Dem fürsterzbischöflichen Abt des Stiftes St. Peter wurde auf Dr. Scheels Veranlassung die Pension nicht nur erneut gewährt, sondern er erhielt auch die Rückstände nachbezahlt.

Der Fürsterzbischof bot Dr. Scheel kurz vor der Kapitulation auch Hilfe für seine Familie an.

Dr. Scheel handhabte grundsätzlich alle radikalen Maßnahmen der totalen Kriegführung nur in gemilderter Form und auch nur, soweit unumgänglich notwendig. Als befehlsgemäß auch im Gau Salzburg ein Standgericht errichtet wurde, sorgte er dafür, daß es nie zusammentrat. Deshalb wurde auch kein Standgerichtsurteil gefällt.[21]

Selbstverständlich lehnte er auch alle Vergünstigungen für Parteifunktionäre ab und lebte mit seiner Familie von den gleichen Zuteilungen wie jeder andere Bürger.

Dr. Scheel rettete schließlich als Gauleiter und Reichsverteidigungskommissar Salzburg vor der Zerstörung, indem er eine Verteidigung der Stadt gegenüber den anrückenden Amerikanern trotz größter Lebensgefahr für ihn selbst verhinderte. So war Gauleiter Wächtler von Bayreuth erschossen worden, weil er sich gegen die Verteidigung der Stadt Bayreuth gewandt hatte; ein ähnliches Schicksal erlitt der frühere Gauleiter von Schlesien, Josef Wagner (1940 von Hitler abgesetzt, am 22. April 1945 hingerichtet).[22] Obwohl der zuständige militärische Oberbefehlshaber, Feldmarschall Kesselring, den Gauleitern jede Einmischung in militärische Angelegenheiten verbot, untersagte Dr. Scheel die Errichtung von Straßensperren und den Ausbau von Häusern zu Verteidigungsanlagen an der Salzach. Als Reichsverteidigungskommissar verbot er die Sprengung der Salzachbrücken und erwirkte dazu gegen den ausdrücklichen Befehl Hitlers die Entfernung der bereits angebrachten Sprengladungen bei den zuständigen militärischen Stellen.[23]

Ferner erteilte er folgende Weisungen: „a) keinerlei Zerstörungen von Industriebetrieben, Versorgungseinrichtungen, Kraftwerken, Talsperren vorzunehmen; b) die staatlichen Dienststellen auch beim Einrücken der amerikanischen Truppen zur Gewährleistung der Versorgung der Bevölkerung weiterarbeiten zu lassen; c) mit der nachmaligen Freiheitspartei zur Aufrechterhaltung der Ruhe und Ordnung und zur reibungslosen Überleitung der Regierungsgewalt in Verbindung zu treten. – Die Volkssturmeinheiten zog Dr. Scheel aus der Stellung zurück und erklärte sie zur Ordnungstruppe mit den polizeilichen Aufgaben des Schutzes vor Plünderungen und der Erhaltung von Leben und Eigentum.[24]

Dr. Scheel wollte sich in den letzten Tagen des Dritten Reiches noch zu den Gebirgsjägern melden, um auf Befehl Kesselrings in der – nicht vorhandenen! – Alpenfestung zu kämpfen. Nach dem

Bekanntwerden von Hitlers Tod hielt der Gauleiter und Reichsverteidigungskommissar Dr. Scheel unmittelbar vor dem Einrücken der Amerikaner am 4. Mai 1945 folgende Ansprache an die Salzburger Bevölkerung:

„Meine Salzburger und Salzburgerinnen!

In schwerer Stunde erhalte ich Gelegenheit, mich an Euch zu wenden. Im Verlauf der Kampfhandlungen wurde unsere Gauhauptstadt besetzt. So hart die Besetzung für jedes Land ist, so sind wir doch dem Schicksal dankbar, daß schwere Schäden und Menschenverluste vermieden werden konnten. Ich bin glücklich darüber, in diesem Sinne meine ganze Kraft eingesetzt zu haben. Mit den übrigen Teilen des Gaues herrscht nunmehr Waffenruhe, so daß angenommen werden kann, daß von unseren Tälern und Bergen die härtesten Schrecken des Krieges ferngehalten werden.

Wie immer, meine Salzburger und Salzburgerinnen, appelliere ich an Eure Besonnenheit. Sorgt mit aller Kraft dafür, daß in jedem Falle die Anständigsten und Besten unter Euch die Verantwortung tragen! Sorgt dafür, daß nicht durch eigene Unbesonnenheit Terror, Chaos und Untergang über uns kommen!

Ich habe schon vor Tagen zuerst für die Stadt und den Flachgau und dann auch für die übrigen Kreise des Gaues die Umwandlung des Volkssturmes in die Land- und Stadtwacht angeordnet. Es ist die Aufgabe der Land- und Stadtwacht, im Auftrage der zuständigen Verwaltungsstellen in Verbindung mit der Polizei und Gendarmerie die Ordnung überall aufrechtzuerhalten. Es ist ihre besondere Pflicht, Diebstahl, Unruhen und Plünderungen sowie Ausschreitungen jeder Art zu unterbinden.

Wem auch im einzelnen die Führung anvertraut ist, in jedem Falle müssen die Gesunden, fleißigen, aufbauwilligen Kräfte die Führung haben, damit vor allem unserer an Nahrungsmitteln so armen Heimat, soweit es nur irgend möglich ist, das tägliche Brot gesichert wird.

Bei allen Sorgen, die ich jetzt habe, bin ich glücklich darüber, daß trotz der schweren Belastungen sich die Bevölkerung unseres Gaues überaus gut gehalten hat. In unseren Kreisen herrscht absolute Ordnung und Disziplin. Es muß so sein, daß sich alle Kräfte, in wessen Auftrag sie auch handeln mögen, zusammentun, um zum

Wohle unserer Männer, Frauen und Kinder in allen Fragen gerecht entscheiden zu können.

Trotz des tiefen Schmerzes, den ich über das Unglück unseres Volkes und unserer engeren Heimat empfinde, war es für mich eine überaus große Genugtuung, gerade in den letzten Tagen eine so überaus große Zahl von Dankbarkeitsbezeugungen aus allen Kreisen und Teilen der Bevölkerung ohne Rücksicht auf deren politische Einstellung erfahren zu haben. Ich glaube auch hier sagen zu dürfen, daß ich nie einen anderen Gedanken hatte, als unseren Salzburgern und Salzburgerinnen, wo ich nur konnte, beizustehen, daß ich nie einen anderen Willen in mir trug, als allen, die es brauchten, zu helfen und für Gerechtigkeit zu sorgen.

Ich bin überzeugt, daß diese Arbeit nicht umsonst gewesen ist. Ich grüße von ganzem Herzen alle Salzburger und Salzburgerinnen und bitte, auch in künftiger Zeit zusammenzustehen und immer das Gemeinsame, das Schöne, Edle und Große in den Vordergrund zu stellen, damit unseren Kindern und Kindeskindern wieder eine glückliche Zukunft beschieden ist.

Unser Herrgott aber schenke seinen Schutz unserer geliebten Heimat!" –

Frau Scheel hatte am 16. April 1945 das vierte Kind geboren, einen Jungen; er kam fünf Wochen zu früh zur Welt. Die Sorge um den Neugeborenen zwang sie, mit den Kindern Salzburg zu verlassen und sich nach St. Veit zu begeben. Über diese kritischen Tage vom 27. April bis zur Verhaftung ihres Mannes am 14. Mai machte sie Tagebuchaufzeichnungen.

Eintrag vom 27. April: „Der Abschied gestern war bitter. Mein guter Ortsgruppenleiter wollte es nicht glauben. So lange wir die Stadt nicht verließen, blieb ein Funke Hoffnung. Ich ging durch den herrlichen Garten, die großen Räume – nichts davon gehört uns – wir wohnten nur zur Miete und doch lebten wir kaum vier Jahre hier – was für eine Zeit. Es war Abschied für immer. Mutter R. kam. Sie drückte mit ein Zettelchen in die Hand: „Man unterstützt die Gegenauslese, wenn man sich zum Selbstmord entschließt, stand darauf. Sie kennt meine Gedanken in diesen Tagen."

Der Luftangriff auf den Obersalzberg am 25. April hatte viele junge Mütter veranlaßt, in die Berge aufzubrechen. „Auch ich mußte diese Entscheidung treffen. Unser ‚Frühgeburtchen' konnte den stundenlangen Aufenthalt im Luftschutzstollen nicht verkraften. Immer wieder mußte Schwester Leni mit dem Kleinen ins Freie, damit er Sauerstoff bekam. Es gab nur die Wahl: bei Gustav Adolf zu bleiben oder das Leben des Kleinen zu erhalten ... Er wurde zum Maßstab. Ich konnte nicht anders, ich mußte fort und meinen Guten allein lassen ... Jetzt fuhren wir durch überfüllte Straßen. Das ganze nackte Elend zog an uns vorbei – Flüchtlinge, Soldaten ohne Waffen und Abzeichen – Verwundete." Die drei Kinder, das Töchterchen und die beiden Buben, schauten unverwandt auf die Straße. "Alle drei sind neugierig auf die neue Wohnung. Sie ahnen nicht, welcher Abgrund sich für uns aufgetan hat. Aber unser Kleiner lebt. Immer wieder frage ich Schwester Lene, ob er noch atmet, er ist so winzig, wiegt keine fünf Pfund."

Eintrag vom 28. April: "Der Empfang von den Nachbarn war herzlich. Das Haus gehört zu einer Südtiroler Siedlung. Es ist klein, aber behaglich. Die eigentliche Mieterin ging nicht gern. Das ist selbstverständlich. Ich möchte mich bei ihr entschuldigen. Wir konnten im Lastwagen ein paar Möbelstücke mitnehmen, so richten wir uns einigermaßen wohnlich ein. Die Kinder haben bald ein Gefühl von ,Zuhause' ... Überall begegneten mir Evakuierte aus dem Rheinland, aus Berlin. Sie wissen, wer wir sind. Ich werde angesprochen. Merkwürdig – immer noch glauben sie an ein Wunder, an den Sieg. Und ich kann nicht lügen und erkläre ihnen, daß der Krieg verloren ist. Ich muß es ihnen sagen. Nie werde ich den verzweifelten Blick der Berlinerin vergessen – Mutter von vier Kindern, den Mann hat sie im Krieg verloren. Es traf sie wie ein Schlag. Hier in den Bergen ist man der Wirklichkeit so fern. Am Nachmittag kommt der Kreisleiter mit seiner Frau. Auch er glaubt an eine Wendung, er hofft auf die ,Alpenfeste'. Ich habe ein paar Flaschen Wein, die uns der Gauleiter aus der Pfalz jedes Jahr zu Weihnachten schicken ließ, mitgenommen. In Salzburg konnten wir ihn den Gästen anbieten. Jetzt bin ich froh, etwas davon zu haben. Er hilft uns."

Eintrag vom 29. April: "Jochen ist unglücklich, er hat Heimweh. Micha spielt vor dem Haus im Sand. Ulrike malt für den Vati. Unser Spaziergang ist eine Qual – überall fragende, ja, ich meine haßerfüllte Blicke zu sehen. Anrufe aus Salzburg trösten mich. Ich höre Gustav Adolfs ruhige, feste Stimme. Ich weiß, daß er durchhalten wird, solange er dort ist. – Unser Jüngster nimmt zu. Die Frau des Ortsgruppenleiters, unsere Nachbarin, bekam zur gleichen Zeit wie ich ein Kind. Welches Glück – welche Fügung – sie ernährt unseren Winzling mit, meine ‚Quelle' droht zu versiegen. Ohne diese Hilfe wäre sein Leben wieder in Gefahr."

Eintrag vom 29. April: „Die Meldungen aus Berlin heute Morgen klangen schlimm. Nur wenige Tage kann es noch gehen. ‚Doch der Führer lebt', sagt die Frau des Ortsgruppenleiters von nebenan. Sie sagt es aufrichtig voll Glauben, mit gefalteten Händen. Mir ist Angst um sie, wenn ihr die Katastrophe klar wird. – Es ist kalt draußen. Wir haben kein Holz, keine Kohle. Man hatte es uns versprochen. Niemand hält ein Versprechen mehr. Nun müssen wir nun auch darum im Nachbarhaus bitten."

„Ein Anruf aus Salzburg bringt mir die Nachricht vom Tode Hitlers. Nun werden sie es morgen auch hier wissen. Wie werden sie damit fertig werden? Mit jedem Tag wächst die Angst in mir. Sie verfolgt mich bis in die Nacht. Ich denke immer wieder an Gustav Adolfs Worte nach dem Tod meiner Eltern in Dresden: ‚Du darfst jetzt nicht trauern, Du mußt stark sein. In wenigen Wochen wirst Du auch mich verlieren. Du weißt, daß ich dieses Ende nicht überleben kann.' Ich habe Gift bei mir – ich bekam es von Freunden, die auch bei letzter Auswegslosigkeit diesen Weg des Selbstmordes wählen wollten. – Ich rette mich aus verzweifelten Gedanken in das Kämmerchen, wo unser Kleiner schläft. Das ist der Trost und – für mich die Verpflichtung zu hoffen und zu kämpfen um das Überleben. – Die Kinder haben sich eingelebt, nur Jochen fehlen die Bäume, auf die er so gern mit den Nachbarskindern kletterte. Unsere große Tochter findet sich am besten zurecht, holt Milch, ist auch nicht verlegen, wenn man Fragen stellt in den Geschäften. Vor ein paar Tagen sagte sie: ‚Mutti, wo Du bist, sind wir doch zu Hause.' Ein paar Spielsachen haben die Kinder noch in der Wohnstube, in der auch noch ein paar eigene Möbel stehen. Die Mieterin des Hauses war heute da. Sie lehnte an der Tür, aß ihr Butterbrot und sagte: ‚Wenn mein Mann kommt, müßt Ihr raus!' Ich versuche, mir eine neue Bleibe zu suchen aber wo denn?"

Eintrag vom 4. Mai: „Nun ist mein Guter in meiner Nähe, in Goldegg. Er ging, nachdem er noch alles geordnet hatte mit seinen engsten Mitarbeitern fort, als die ersten amerikanischen Panzer in die Stadt rollten. Seine Nähe erfüllt mich vorübergehend mit Freude und Zuversicht. Ein Gedanke huscht ganz kurz durch meinen Kopf – könnte er nicht jetzt seinen Beruf als Arzt ausüben und wir hätten ein ganz bürgerliches Leben? – Ich weiß, die Freude, ihn hier zu wissen, ist von kurzer Dauer. Auch dieser Abschied steht mir bevor.

Eintrag vom 5. Mai abends: „Gustav Adolf holte mich zu seinen Männern. Es ist so ein wunderbarer Frühlingstag gewesen, wie immer pflückte ich eine Blume und steckte sie ihm an. Auch dies tat ich aus Gewohnheit – auch dies zum letzten Mal. Ich hätte nicht mitfahren sollen, der Anblick dieser verzweifelten Männer, die kaum ihre Mittagssuppe hinunterschlucken konnten, läßt mich nicht los. N. liefen die Tränen über die Backen. Fast alle trugen noch ihre Uniformen – aus Treue und Anständigkeit. S. kam, wollte Benzin haben, er betrachtete seine Stiefel, ob sie den Fußmarsch über die Berge ohne Wagen zu seiner Familie aushalten würden. Man wollte mir den Rest des Proviantes mitgeben. Gern hätte ich es getan, aber das ging nicht. Ich wollte bis zum letzten Tag unserem Stil treu bleiben."

Eintrag vom 6. Mai: „Heute war ein ganz bitterer Tag. Gustav Adolf ging mit seinem treuen Mitarbeiter aus der Reichsstudentenführung B. fort. Ein Ziel wußten sie nicht. Ich konnte seinem Begleiter nur zuflüstern: ‚Lassen Sie ihn nie allein.' Er versprach es mir. Tränen habe ich nicht mehr. Ich bin so verkrampft – unser Kleiner bekommt rote Bäckchen. Schwester Leni spricht von Fortgehen."

Eintrag vom 7. Mai: „Was für ein Tag! Mein Guter kam um die Mittagsstunde – wie ein Bettler, als alles ruhig war. Zwischen Gärten und Hecken hat er sich zu uns geschlichen. Nun grübeln wir, lassen die vergangenen Jahre an uns vorüberziehen. Immer wieder stellen wir uns die Frage, ob es etwas gibt, was unrecht war. Ich bitte, daß er sich dem amerikanischen Kommandanten meldet und darum bittet, abgeholt zu werden, er stehe zur Verfügung. Gustav Adolf schreibt diesen Brief, aber es findet sich niemand, der ihn fortbringt. Keiner hat Zeit. Schließlich übernimmt es ein Angestellter aus dem Lebensmittelgeschäft. Und nun warten wir."

Eintrag vom 8. Mai: „Das Köfferchen mit den paar Utensilien steht bereit; im Ort ist ein Lazarett. Ein Offizier besucht uns und erklärt sich bereit, Gustav Adolf nach Salzburg mitzunehmen. Er trinkt bei uns Kaffee und verspricht wiederzukommen. Wir warten vergebens.

Eintrag vom 9. Mai: „Gustav Adolf ist bei uns. Das bedeutet Glück und Qual. Ich muß ihm zugestehen, im Falle einer entehren-

Sommer 1940: Soldat in Possenhofen

Der Gauleiter von Salzburg Dr. med. Gustav Adolf Scheel

Gauleiter Scheel bei einer Veranstaltung des Heimatwerkes

Gründung des Salzburger Heimatwerkes am 16. Dezember 1942

Mit Adolf Hitler am Bahnhof Kleßheim bei Salzburg

Gauleiter Scheel bei einer Sportveranstaltung

*Auf Besichtigungsreise im Salzburger Land.
Der Gauleiter wird herzlich begrüßt*

21. Juli 1943: Dr. med. Gustav Adolf Scheel mit zwei Ritterkreuzträgern

1952: Arzt in einem Hamburger Krankenhaus

Dr. med. Gustav Adolf Scheel 1970 in seinem Hamburger Domizil

den Gefangennahme Gift zu nehmen. Wir hören Musik vom Sender Graz – Volksmusik, die gleichen Lieder, die die Jugendgruppe der Frauenschaft ihm zum Abschied sang."

Eintrag vom 10 Mai: „Heute machten wir einen Spaziergang – nicht weit vom Haus – schauen ins Tal und sehen die neuen rotweiß-roten Fahnen. Plötzlich Stimmen, Amerikaner – mir wurde ganz elend. Doch sie grüßen uns, gehen weiter. Wenn sie gewußt hätten, wem sie begegneten! Wir gingen schnell zurück. Das Warten wird zur Qual. Eine Flasche Wein am Abend hilft uns."

Eintrag vom 11. Mai: „Heute kam Füchslein. Ein Treuer! Er war ganz ruhig, nur Witzchen kann er nicht mehr machen. Er nahm die Kinder an die Hand und ging mit ihnen spazieren. Wie dankbar war ich ihm. Noch ist keiner im Dorf verhaftet. Wir gingen gemeinsam ins Dorf. Eine Bauersfrau stieß ihr Dirndl an und sagte: „Schau, das war unser Gauleiter, ein sauberer Mann!" Wie stolz war ich, es gibt doch Augenblicke, in denen ich Selbstvertrauen gewinne."

Eintrag vom 12. Mai: „Heute entdecke ich Gustav Adolf wieder mit Ecki, dem Jüngsten im Arm. Ich weiß, er spricht nicht darüber, nimmt aber ständig Abschied. Was werde ich mit meinen 4 Kindern ohne ihn tun? So qualvoll die Tage des Wartens sind, so beruhigend ist seine Nähe und völlig gefaßte Haltung."

Eintrag vom 13. Mai: „Heute waren wir fast übermütig. Die Kinder spielten bei Nachbarsleuten. Michas rotes Kittelchen leuchtete weit und ihre Stimmen klangen so froh. Das macht auch die Anwesenheit des Vaters, den sie sonst nur wenig sahen. Am Abend saßen wir bei sehr netten Rheinländern auf dem Balkon in einer Pension. Man kann von dort weit ins Tal schauen und jeden Jeep sehen, der in unser Dorf heraufkommt. Nun warten wir schon eine Woche auf die Verhaftung."

Eintrag vom 14. Mai: „Und nun kamen sie heute – noch kommt es mir wie ein böser Traum vor, als müßte mein Guter wieder ins Zimmer kommen. Es gab in den vergangenen Monaten keine 8 Tage, an denen wir so viel Zeit für uns hatten. Heute morgen kam ein Soldat aus dem Lazarett, um Gustav Adolf die Haare zu schneiden. ‚Ich will ordentlich aussehen, wenn ich gehe.' Auch das gehörte zu den Vorbereitungen für die Trennung. Ein Volksdeutscher aus Ungarn in blauer Fliegeruniform kam. Als er fertig war, geht die Tür auf. Ein baumlanger amerikanischer Offizier, gefolgt von einem sehr unsympathischen mit einer Reitpeitsche Bewaffneten. ‚Wo haben Sie

Himmler, wann haben Sie ihn zuletzt gesehen?' Ich sehe, wie Gustav Adolf leichenblaß bis in die Lippen wird und mir fällt sein krankes Herz ein. Er ist ganz ruhig, bittet, dem jungen Mann sein Geld geben zu dürfen, zieht sein Geldtäschchen. Da steht der Volksdeutsche stramm und sagt: ‚Herr Gauleiter, es war mir eine Ehre, Ihnen einen Gefallen tun zu können' und geht fort. Die Amerikaner sehen erstaunt zu – Gustav Adolf hat nun seine Fassung wiedergewonnen. Dieser junge Mann hat die Situation gerettet. Nun folgen wieder Fragen nach Himmler, den sie in den Bergen suchen. Auf eine freche Bemerkung des 2. Offiziers, wird er aus dem Zimmer geschickt. Der erste ist oder scheint erstaunt über die Bemerkung, daß wir seit Tagen auf die Festnahme warten. ‚Eine Stunde haben Sie noch Zeit' sagt er. Nun hören wir die Besatzung der 3 Jeeps das Haus durchsuchen. Sie fahren weg, eine Stunde Zeit – ich versuche, ein Mittagessen zuzubereiten – doch da kommen sie schon wieder. Sie haben es sich anders überlegt. Gustav Adolf darf nicht noch einmal seinen Ecki in den Arm nehmen, zieht den Kleppermantel über den Salzburger Anzug, steigt in den Jeep. Wir winken – dabei ist mir plötzlich klar – ‚warum winke ich noch, was soll das' und auch sein trauriger Blick und die trostlose Handbewegung sind Zeichen großer Hoffnungslosigkeit. ‚Sie werden Post von Ihrem Mann erhalten' sagt der Offizier. Ich möchte ihm glauben."

Eintrag vom 15. Mai: „Heute kamen 2 französische Offiziere und wollen ihn verhaften – ‚Sie kommen zu spät' sage ich, merkwürdigerweise schauen sie auf die Uhr. Dann durchsuchen sie das Haus. Ich fühle eine Bubenhand in der meinen. Jochen hält mich ganz fest. Am Nachmittag kommt Füchslein, er hat Mut, der Tapfere. Er bringt mir einen schönen Wiesenblumenstrauß." –

Am 4. Mai 1945 erfolgte in den frühen Morgenstunden die kampflose Übergabe der Stadt Salzburg an die Amerikaner. Dazu berichten die „Salzburger Informationen" 77/1, Schriftenreihe des Landespressebüros: „Die Zerstörung der Landeshauptstadt wird im letzten Augenblick dadurch verhindert, daß Gauleiter und Reichsstatthalter Dr. Gustav Adolf Scheel in seiner Eigenschaft als Reichsverteidigungskommissar im Zusammenwirken mit dem Befehlshaber des Wehrkreises XVIII, General Ringel, und Stadtkommandant, Oberst Hans Lepperdinger, Salzburg zur offenen Stadt erklären läßt."[25]

Nach dem Kriege versuchten einige Personen, dem Gauleiter den Ruhm der Rettung Salzburgs streitig zu machen. Dazu seien noch folgende zwei Stellungnahmen Salzburger Zeitungen, die eine aus dem Jahre 1953, die zweite aus dem Jahre 1985, letztere mit einem Bericht über neueste Forschungsergebnisse, angeführt.

„Eines aber muß festgehalten werden: Es wurde seinerzeit ein Mann als Kriegsverbrecher vor ein alliiertes Militärtribunal gestellt, der gegen den Willen Berlins die gigantischen Luftschutzstollen für die Bevölkerung Salzburgs bauen ließ, der mit einem Erzbischof konferierte, obwohl dieser auf der Geiselliste stand, der SS-Truppen zeitgerecht entfernte und der einen Standortkommandanten persönlich dafür verantwortlich machte, daß die Stadt unversehrt bleiben müsse!" Wer alles mitgeholfen hat, diesen klaren Willen des letzten Gauleiters zu erfüllen, wird in vollem Umfang wohl niemals mehr geklärt werden können."[26]

Über „Andreas Rohrachers Rolle im Jahr 1945" berichten die neuesten Forschungsergebnisse der österreichischen Historiker im Jahre 1985: „Fürsterzbischof Rohracher, bereits in der NS-Zeit Sprecher der Salzburger, habe in einem Gedächtnisprotokoll vermerkt, daß er am 30. April 1945 mit Gauleiter Dr. Gustav Adolf Scheel die kampflose Übergabe der Stadt sehr detailliert besprochen habe. Der Gauleiter wollte sich mit der Truppe hinter den Paß Luegg zurückziehen, und Regierungsdirektor Hausner wurde angewiesen, die Regierung zu übergeben. Da zu all dem die Zustimmung des für Salzburg zuständigen Befehlshabers, General Julius Ringel, eingeholt werden mußte, mit dem Rohracher verschwägert war, könne ein Zusammenspiel dieser drei Personen durchaus stärker hervorgehoben werden..."[27]

In dem von der Zeitung zitierten Forschungsbericht „Kirche in Freiheit" von Hans Spatzenegger heißt es ferner: Erzbischof Dr. Rohracher wurde wegen einer Predigt angegriffen. „Gauleiter Dr. Scheel hatte interessanterweise damals Rohracher in Schutz genommen. Jener suchte nun in regelmäßigen Gesprächen, einzelne Freiheiten zu erreichen bzw. Behinderungen abzustellen... Das kultivierte Auftreten Scheels beeindruckte Rohracher entschieden stärker als die ruppige Art des Kärnter Gauleiters Rainer..."[28]

Anmerkungen

1) Salzburger Landeszeitung v. 1. 12. 1941
2) Über die Quellenlage heißt es in der Schrift von Ernst Hanisch: „Nationalsozialistische Herrschaft in der Provinz Salzburg im Dritten Reich", Salzburg 1983, S. 15: „Während die Zeit bis 1940 relativ gut dokumentiert ist, fehlen für die Ära Scheel fast alle Quellen; sie wurden offenbar auf einen Befehl Bormanns vernichtet. So bleiben für die letzten Jahre der NS-Herrschaft nur die informationsschwache Zeitung, einige zerstreute Quellen im Bundesarchiv Koblenz und im Wiener Institut für Zeitgeschichte und die Befragung von Zeitgenossen, ein außerordentlich unbefriedigender Zustand, der jedoch für fast alle NS-Studien zutrifft."
3) Eidesstattliche Erklärung von Frau Getrude Huber v. 11. Juni 1947. Ferner: Dr. Laue, s. o., PrASch.
4) Eidesstattl. Erklärung Dr. Wolfgang Laue v. 25. November 1948, PrASch.
5) Eidesstattl. Bestätigung, Salzburg, den 20. März 1949 von Kuno Brandauer, Salzburger Heimatwerk, Salzburg, Landesregierung, PrASch
6) Eidesstattl. Erklärung Dr. Wolfang Laue v. 25. Februar 1948, PrASch
7) Bescheinigung Prof. W. Siebert v. 13. April 1948, PrASch
8) Darunter war auch Prof. Krieck. Dazu heißt es bei Müller, a. a. O., S. 159: „Mitte 1943 war die durch Desorganisation herbeigeführte katastrophale Lage der deutschen Wissenschaft für alle Kenner der Sachlage offenkundig und ließ zu später Stunde die Mahnungen des Kriegs in anderem Licht erscheinen ... Gustav Adolf Scheel, ehemaliger Heidelberger Studentenführer, designierter Reichswissenschaftsminister und nach dem Rücktritt Walter Schultzes im Juli 1944 neben der Reichsstudentenführung auch mit der Leitung des NSD-Dozentenbundes betraut, holte Krieck in den neu geschaffenen Führungskreis der Reichsdozentenführung ..."
9) Erklärung v. Prof. Dr. Wolfgang Siebert v. 13. April 1948, PrASch
10) Eidesstattliche Erklärung v. E. Stelzner v. 2. August 1948, PrASch.
11) Dok. Anhang Nr. 8
12) Dok. Anhang Nr. 9
13) Brief von Major Hansel v. 7. Juni 1947 PrASch
14) Eidesstattliche Erklärung v. Frau Michaela Pflanzl v. 26. Mai 1948, PrASch
15) Dok. Anhang Nr. 10
16) Undatierte Erklärung, PrASch.
17) Brief v. Prof. E. Domanig v. 29. Mai 1947, PrASch.
18) Erkl. d. Kirchenreferenten b. Reichsstatthalter v. 14. Oktober 1948, PrASch
19) Ebda
20) Dok. Anhang Nr. 10
21) Dr. Laue, S. o., PrASch
22) Sein Nachfolger in Schlesien war ab 1941 Karl Hanke
23) Erklärung von Adolf Neutatz, Gaustabsführer des Volkssturms v. 1. September 1947, s. Dok. Anhang Nr. 11
24) Eidesstattliche Erklärung Dr. Wolfgang Laue v. 25. November 1948, PrASch.
25) Ilse Lackerbauer: Das Kriegsende in der Stadt Salzburg im Mai 1945, Militärhistorische Schriftenreihe, hsgb. v. Heeresgeschichtlichen Museum Wien 1977, S. 41 – Lepperdinger war nicht „Stadt"- sondern „Kampf"kommandant
26) „Salzburger Nachrichten" v. 9. Januar 1953, Artikel: Salzburg kostet 12 500 DM
27) „Salzburger Landeszeitung", Nr. 15 v. 29. Mai 1985, Artikel: „Andreas Rohrachers Rolle im Jahr 1945"
28) Hans Spatzenegger: „Kirche in Freiheit", in: Salzburg und das Werden der Zweiten Republik. VI. Landessymposium v. 4. Mai 1985

Die Jahre der Inquisition

Dr. Scheel begab sich am 7. Mai zu seiner Familie nach St. Veit im Pongau. Er unterrichtete den amerikanischen Kommandanten in Schwarzach über seinen Verbleib und stellte sich zur Verfügung. Am 14. Mai wurde er verhaftet und ins Gefängnis nach Salzburg eingeliefert. Von dort trat er seinen jahrelangen Leidensweg durch verschiedene Lager an: offenes Lager in Fürstenfeldbruck, weiter nach Augsburg, von da nach Seckenheim (August bis Oktober 1945), weiter nach Kornwestheim. Vom 22. Dezember 1945 bis zum 5. Februar 1946 war er in Heidelberg, wurde wieder nach Kornwestheim verlegt, dann nach Dachau.[1] Im Nürnberger Justizgefängnis hatte Dr. Scheel dreizehn Monate verbracht.

Ein Jahr lang ließ man ihn ohne Nachricht über seine Familie. Nach Ablauf dieses Jahres erhielt er im Nürnberger Gefängnis die erste zensierte Postkarte. Man hatte ihn Briefe schreiben lassen, die nie ankamen. Bei der Entlassung aus dem Nürnberger Justizgefängnis sagte ausgerechnet der stellvertretende amerikanische Hauptankläger, Robert Kempner, zu ihm: „Sie sind der einzige, der sich nicht auf eine Verbindung zur Widerstandsbewegung berufen hat. Von mir aus sind Sie ein freier Mann!" Er wurde daher von der Anklagebehörde in kein Lager verwiesen, sondern an Weihnachten 1947 auf freien Fuß gesetzt.[2] Die Nürnberger Anklagebehörde hatte ihm nicht die geringsten Verfehlungen nachweisen können.

Auf eigenen Antrag wurde er dann erneut interniert und von Nürnberg in seine Heimat Württemberg-Baden zur Entnazifizierung verlegt. Über die Stationen Kornwestheim, Mannheim, Gefängnis Ludwigsburg kam er schließlich vor die Spruchkammer in Heidelberg. Sie stufte ihn wegen der hohen Führungsstellungen, die er innegehabt hatte, als „Hauptschuldigen" ein, mußte ihm jedoch bescheinigen: „Die Kammer ist der Überzeugung, daß noch in keinem Falle so viele Zeugnisse von Opfern und Gegnern des Systems vorgelegen haben, in denen einem Betroffenen, wie in diesem Fall, für seine Hilfe gedankt wird."[2a]

Aus dem Internierungslager in Ludwigsburg (eine Art KZ) schrieb Dr. Scheel am 19. Oktober 1948 an eine seiner früheren Mitarbeiterinnen in Salzburg u. a.: „Sie können sich denken, daß meine Gedanken sehr viel in Salzburg sind. Es wird keinen Flecken Erde und keine Menschen geben, die ich mehr lieben kann als das einmalige Salzburg und seine Männer, Frauen und Kinder. Ich bleibe glücklich darüber, diesem Lande in sehr schwerer Zeit mit ganzer Kraft gedient zu haben... Ich hoffe sehr, daß niemand verzweifelt ist, daß sie sich alle einfügen in das Neue, daß sie den Gedanken an das Gute im Menschen nie verlieren, daß sie das Gemeinsame über das Trennende stellen. ‚Gott schütze unser geliebtes Salzburg', sage ich auch heute täglich."

Er rühmte dann die Tapferkeit seiner Frau in der Leidenszeit der Jahre seit 1945. „Können Sie sich vorstellen", so fragte er, „daß ich je einem Menschen eine auch nur ähnliche Not hätte antun können?"

Über sein eigenes Schicksal seit 1945 berichtete er: „Ein Lager löste das andere ab, ein Gefängnis wechselte mit dem nächsten, eine Untersuchung folgte der anderen. Sie können sich meine Gefühle vorstellen, als ich in das Salzburger Gefängnis eingeliefert wurde! Es war dann trotzdem ein Erlebnis, als Vertreter der damaligen Polizei bei mir erschienen und mir ihre Hilfe anboten, die ich freilich ablehnte. Besonders hart war auch die Zeit vor allem in Nürnberg. Alle automatischen Unterstellungen sind durch ungezählte Untersuchungen und Vernehmungen zusammengebrochen, und ich bin gewiß der einzige Mann meiner ehemaligen Dienststellung, der von den Amerikanern auf freien Fuß gesetzt worden ist. Man schätzte nach allen Bemühungen, mich zu verurteilen, mein Verhalten in der Vergangenheit und trug mir schließlich meine Weigerung, irgendeinen Menschen gleich welchen Lagers zu belasten, auch nicht nach.

Ich habe nach einem kurzen Urlaub dann auf den Schutz der Amerikaner verzichtet und mich freiwillig in die neue Internierung gemeldet. Ich wurde dann trotzdem, nachdem es mit vieler Mühe gelungen war, hierher verlegt zu werden, wegen Fluchtgefahr ins Gefängnis gesperrt. Aber auch diese Zeit ging vorüber. Das Inferno des Lebens habe ich nun wirklich kennengelernt. Ich durfte auch manches Schöne erleben.

Es gibt keine Situation, die man nicht durch Leiden und Dulden veredeln kann, sagt Goethe. Dieses Wort ist richtig. Oft konnte ich als Arzt tätig sein. Es bleibt aber das Schönste, helfen zu können. Nun erwarte ich meine sogenannte Spruchkammerverhandlung... Vor einigen Tagen wurde ich vom Lager zum Bürgermeister gewählt. So gilt es nun wieder, für geplagte Menschen einzutreten und das eigene Schicksal zurückzustellen..."[3]

Im Berufungsverfahren wurde Dr. Scheel als „Belasteter" eingestuft und unter Anrechnung der bisherigen Haftzeit seit Mai 1945 auf freien Fuß gesetzt.[4)]

In den verschiedenen Lagern, durch die er geschleift worden war, hatte er sich jeweils freiwillig zum Arbeitseinsatz gemeldet und meist als Arzt in der Lagerverwaltung Verwendung gefunden. „Er hat sich dankenswerter Weise für das Wohl der ihm anvertrauten Kameraden eingesetzt und erfreute sich deshalb allgemeiner Beliebtheit", bescheinigte ihm der Chefarzt des „Third US-Army Interment Camp 75" am 13. August 1946. Im Lager Langwasser bei Nürnberg war er als Stationsarzt tätig. Der Abteilungsarzt stellte ihm das Zeugnis aus, er habe „seinen Dienst als Arzt selbstlos zum Wohl seiner Kameraden versehen und war auch vielen ein Berater in seelischer Not, so daß wir sein Ausscheiden alle sehr bedauern". Dr. Scheel nahm in verschiedenen Lagern auch an medizinischen Fortbildungskursen teil.[5)]

Er befand sich bis zu seiner Entlassung am 24. Dezember 1948 im Lager-Hospital des Lagers 77 in Ludwigsburg in ärztlicher Behandlung wegen eines Herzfehlers („Kombiniertes Mitral-Aortenvitium mit Dekompensationserscheinungen"); Krankenkost und weitere ärztliche Behandlung wurden dem Entlassenen verordnet.[6)]

Anmerkungen

1) PrASch, s. o. Dok. Anhang Nr. 12
2) Pers. Aufzeichnung Dr. Scheel (Ablichtung) über Gespräch mit Kempner am 11. Dezember 1947, ebda
2a) Rechtsanwalt Melior, Heidelberg, 25. Februar 1949, Berufung gegen Spruchkammerurteil.
3) Original, PrASch.
4) Rechtsanwalt Melior, 25. Februar 1949, Berufung gegen das Urteil der Spruchkammer, PrASch
Sühnemaßnahmen gegen Belastete:

Sühnemaßnahmen gegen Belastete
Artikel 16

1. Sie können auf die Dauer bis zu fünf Jahren in ein Arbeitslager eingewiesen werden, um Wiedergutmachungs- und Aufbauarbeiten zu verrichten. Politische Haft nach dem 8. Mai 1945 kann angerechnet werden;
2. sie sind zu Sonderarbeiten für die Allgemeinheit heranzuziehen, sofern sie nicht in ein Arbeitslager eingewiesen werden;
3. ihr Vermögen ist als Beitrag zur Wiedergutmachung ganz oder teilweise einzuziehen. Bei vollständiger Einziehung ist gemäß Artikel 15 Nr. 2 Satz 2 zu verfahren. Bei

teilweiser Einziehung des Vermögens sind insbesondere die Sachwerte einzuziehen. Es sind ihnen die notwendigsten Gegenstände zu belassen;

4. sie sind dauernd unfähig, ein öffentliches Amt einschließlich des Notariats und der Anwaltschaft zu bekleiden;

5. sie verlieren ihre Rechtsansprüche auf eine aus öffentlichen Mitteln zahlbare Pension oder Rente;

6. sie verlieren das Wahlrecht, die Wählbarkeit und das Recht, sich irgendwie politisch zu betätigen und einer politischen Partei als Mitglied anzugehören;

7. sie dürfen weder Mitglied einer Gewerkschaft noch einer wirtschaftlichen oder beruflichen Vereinigung sein,

8. es ist ihnen auf die Dauer von mindestens fünf Jahren untersagt:
    a) in einem freien Beruf oder selbständig in einem Unternehmen oder gewerblichen Betrieb jeglicher Art tätig zu sein, sich daran zu beteiligen oder die Aufsicht oder Kontrolle hierüber auszuüben;
    b) in nicht selbständiger Stellung anders als in gewöhnlicher Arbeit beschäftigt zu sein;
    c) als Lehrer, Prediger, Redakteur, Schriftsteller oder Rundfunk-Kommentator tätig zu sein;

9. sie unterliegen Wohnungs- und Aufenthaltsbeschränkungen;

10. sie verlieren alle ihnen erteilten Approbationen, Konzessionen und Berechtigungen sowie das Recht, einen Kraftwagen zu halten.

5) PrASch.
6) Bescheinigung d. Lagerarztes Ludwigsburg v. 24. Dezember 1948, PrASch.

Die Naumann-Angelegenheit

Um seinen Lebensunterhalt zu verdienen und seine Familie zu unterstützen, arbeitete Dr. Scheel zunächst nachts im Hamburger Hafen. Im Sommer 1949 konnte er seine berufliche Tätigkeit als Arzt in einem Hamburger Krankenhaus aufnehmen, aber ohne Gehalt, nur mit freier Station. Er war dann Assistenzarzt bei Prof. Kunstmann. Als Sprechstundenhilfe bei Prof. Kunstmann arbeitete die Frau des in Spandau inhaftierten Großadmirals Karl Dönitz. Mit der Einstufung als „Belasteter" und dem mühsamen Aufbau einer beruflichen Existenz als Arzt und Familienvater einer sechsköpfigen Familie war jedoch die Zeit der Inquisition noch nicht abgeschlossen. Die Schikanen wurden von der britischen Besatzungsmacht fortgesetzt.[1]

Am 12./13. Januar 1953 wurde Dr. Scheel unter unwürdigen Bedingungen auf Veranlassung der britischen Besatzungsmacht verhaftet und ins Zuchthaus Werl eingeliefert, ohne Angabe eines Grundes. In Werl mußte Dr. Scheel bis 28. März 1953, ohne zu erfahren, warum und mit wem er verhaftet sei, die schwerste Zeit seiner Gefangenschaft erleben. Am 28. März übergaben ihn die Briten den deutschen Behörden, die ihn im Karlsruher Gefängnis einsperrten. Dort wurde er am 17. Juni 1953 entlassen.[2]

Am 9. Februar 1953 hatte der Ermittlungsrichter des Bundesgerichtshofes den Haftbefehl gegen den von den Briten bereits willkürlich in Werl inhaftierten Dr. Scheel erlassen.[3]

Der britische Hochkommissar hatte Anfang Januar 1953 sechs ehemalige führende Nationalsozialisten wegen des Verdachts des Aufbaues einer Geheimorganisation verhaften lassen. Dazu gehörten der ehemalige Staatssekretär im Reichspropagandaministerium, Dr. Werner Naumann, Dr. med. G. A. Scheel, der ehemalige SS-Brigadeführer Paul Zimmermann, Dr. med. Heinrich Haselmayer, früherer Studentenführer in Hamburg, Dr. Heinz Siepen, ehemaliger Ortsgruppenleiter, Landrat, Miteigentümer der Punktalstahlwerke in Solingen, Dr. Karl Scharping von der Rundfunk-Abteilung des ehemaligen Reichspropaganda-Ministeriums. Ferner wurden auch die früheren Gauleiter Karl Kaufmann und Eugen Frauenfeld verhaftet.

Laut Begründung des Hochkommissars hätten die Verhafteten versucht, auf die demokratischen Parteien Einfluß zu nehmen, vor allem auf die Freien Demokraten, die Deutsche Partei und auf den Gesamtdeutschen Block BHE. Der Hochkommissar erklärte auf einer Pressekonferenz, die Verhaftungen seien nach vorheriger Verständigung Adenauers durch britische Sicherheitsorgane erfolgt.

Die „Salzburger Nachrichten" vom 17. Januar 1953 brachten Scheels Bild mit der Unterschrift: „Verschwörer? Die von den Briten in Deutschland unternommenen Verhaftungen der ‚Naziverschwörer' trafen auch den aus Hamburg gebürtigen ehemaligen Gauleiter von Salzburg, Dr. Gustav Scheel; sein guter Ruf läßt Zweifel an der Stichhaltigkeit der Sachlage aufkommen."[4]

Die Briten übergaben Ende März die genannten Verhafteten den deutschen Behörden. „Erleichterung in London", betitelte „Die Welt" einen Kommentar zu dieser Maßnahme der britischen Regierung. „Offensichtlich ist man froh, sich aus der Affäre ziehen zu können."[5]

Schließlich entschied der sechste Strafsenat des Bundesgerichtshofes im Dezember 1954, die Eröffnung eines Hauptverfahrens gegen Naumann und Bornemann abzulehnen. „Die Angeschuldigten Dr. Werner Naumann, Dr. Friedrich-Karl Bornemann, Paul Zimmermann, Karl H. Siepen, Dr. G. A. Scheel, Karl Kaufmann, Karl Scharping und Dr. Heinrich Haselmayer werden außer Verfolgung gesetzt. Die Kosten des Verfahrens einschließlich der den Angeschuldigten Dr. Scheel, Kaufmann, Dr. Karl Scharping und Dr. Heinrich Haselmayer erwachsenen notwendigen Auslagen werden der Staatskasse auferlegt. Infolge mangelnden Tatverdachts mußten auch alle übrigen Angeschuldigten auf freien Fuß gesetzt werden. In der Strafsache gegen Dr. Scheel beschloß das Bundesgericht: „Der Angeklagte Dr. Gustav Adolf Scheel kann für die erlittene Untersuchungshaft Entschädigung aus der Staatskasse verlangen, weil das Verfahren dargetan hat, daß gegen ihn kein begründeter Verdacht vorliegt."[6]

So endete die „Naumann-Affäre" wie das Hornberger Schießen, doch hatte sie Dr. Scheel beim Aufbau seiner ärztlichen Praxis erheblich geschadet, von der seelischen Belastung nicht zu reden. Zu den unangenehmen Folgen gehörte die Einreiseverweigerung für Dr. Scheel in die Schweiz durch das Schweizerische Justizdepartement mit Berufung auf die vorübergehende Verhaftung im Zusammenhang mit der Naumann-Angelegenheit. Sein diesbezüglicher Rekurs wurde von der Schweiz abgelehnt: „Dr. Scheel ist die Einreise in die Schweiz ohne ausdrückliche Bewilligung der Schweizerischen Bundesanwaltschaft untersagt."[7]

Anmerkungen

1) Naumann-Affäre, PrASch. „Hamburger Anzeiger v. 15. 1. 1953; „Die Welt" v. 22. 1. 1953; 29. 1. 1953
2) Ebda
3) Abschrift, ebda
4) Dr. Scheel war nicht aus Hamburg „gebürtig", sondern aus Rosenberg in Baden
5) „Die Welt" v. 28. März 1953 und v. 31. März 1953
6) Beschluß, s. Dok. Anhang Nr. 13
7) Ablichtung der Entscheidung des Eidgenössischen Justiz- und Polizeidepartemens v. 25. November 1954, s. Dok. Anhang Nr. 14

Ausklang

Dr. Scheel ging völlig im Berufsleben als Arzt und in der Sorge für seine Familie auf. Durch seine politische Tätigkeit hat er sich ein bleibendes ehrenvolles Andenken geschaffen. Der Salzburger Fürsterzbischof Dr. Rohracher hob deshalb bei einer Ansprache auf dem Domplatz anläßlich seiner Geburtstagsfeier hervor, „er sehe es als seine Pflicht an, ganz besonders dem Gauleiter Scheel zu danken. Gespräche mit dem Gauleiter hätten sehr viel Unheil von der Stadt abgewendet".[1]

Als Dr. Scheel seinen 70. Geburtstag feierte — es war am 22. November 1977 — übermittelten ihm der Salzburger Landeshauptmann Dr. Haslauer und Landesrat Leitner ihre Glückwünsche.

Der Landeshauptmann schrieb:[2] „Über alle Gegensätze hinweg ist mir die Bedeutung Ihrer Tätigkeit von 1941 bis 1945 und Ihre Korrektheit bekannt. Sie haben mit Ihrer auf Ausgleich bedachten Art, mit Ihrer Initiative für den Bau von Luftschutzstollen in den Stadtbergen und mit der Verhinderung sinnlosen Blutvergießens und sinnloser Zerstörung in den Zusammenbruchstagen 1945 dem Land und der Stadt Salzburg noch Schlimmeres erspart. Ich schließe mich daher den Gratulanten zu Ihrem hohen Festtag an und wünsche Ihnen weitere Festigung Ihrer Gesundheit."

Der Brief des Landesrates Walter Leitner hat folgenden Wortlaut:[3] „Lieber Herr Doktor! Wenn Sie die Vollendung des siebzigsten Lebensjahres feiern, können Sie auf ein Leben zurückblicken, das Sie durch alle Höhen und Tiefen geführt hat. Ein solches Leben gemeistert zu haben, der Würdigung auch des Gegners gewiß zu sein, das bedeutet viel in einer Zeit, die arm ist an bedeutenden Menschen, die eine feste Gesinnung haben und sie unerschütterlich bewahren.

Salzburg hat Ihnen viel zu danken, einem Menschen, der auch auf dem Gipfel von Macht und Einfluß stets bescheiden geblieben ist und Mensch unter Menschen war.

Ich grüße Sie an diesem Ehrentag herzlich und wünsche, daß sich Ihr Gesundheitszustand wieder nachhaltig bessern möge und Ihnen noch viele, viele Jahre in möglichster Gesundheit und Wohlbefinden beschieden sind."

Ein schweres Leiden überschattete Dr. Scheels letzte Lebensjahre; er starb am 25. März 1979.

Zu seinem Ableben übermittelte der Landesrat der Salzburger Landesregierung, Dr. Sepp Baumgartner, am 5. April 1979 der Witwe folgendes Beileidsschreiben:[4] „Mit großem Bedauern habe ich vom Ableben Ihres Gatten Kenntnis nehmen müssen. Dr. Scheel war in Salzburg eine Persönlichkeit, und er hat während seiner Tätigkeit als Gauleiter und Reichsstatthalter sehr viel für Salzburg und seine Bevölkerung geleistet. Er hat durch seine Initiative gerade in den Apriltagen des Jahres 1945 dem Land und der Stadt Salzburg viel Schlimmes erspart. Ich darf Ihnen mein Mitgefühl und das vieler Salzburger zum Ausdruck bringen, mit der Versicherung, daß Ihr Gatte in Salzburg Geschichte gemacht hat. In tiefer Anteilnahme."

Anmerkungen

1) „Salzburger Volksblatt" v. 2. Juli 1972
2) „Salzburger Volksblatt" v. 22. November 1977
3) Ablichtung, Salzburger Landesarchiv
4) Landesarchiv Salzburg

Schlußbetrachtung

Dr. Scheel gehörte der zwar schon im 20. Jahrhundert, aber noch vor dem Ersten Weltkrieg geborenen Generation an, der Trägerin des deutschen Schicksals beider Weltkriege. In die Geborgenheit eines glaubensmäßig intakten evangelischen Pfarrhauses hinein geboren, wuchs er unter dem Eindruck des Ersten Weltkrieges auf, in dem zwei Brüder seines Vaters fielen. Das Ende des Krieges und seine Folgen für das deutsche Volk und das Reich hat er bewußt miterlebt.

Dieses Erlebnis bestimmte den Gang seines Lebens. Als Pfarrerssohn vom christlichen Geist der Nächstenliebe, der Güte und der Hilfsbereitschaft geprägt, erfaßte ihn früh der Wille, seinem geschlagenen Volk zu helfen, sich tätig einzusetzen für die Bekämpfung der Not und des Elends, für den Wiederaufstieg des deutschen Volkes, für die Überwindung der unseligen Klassenspaltung und die Vereinigung des ganzen deutschen Volkes in einem Großdeutschland. Seine Einsatzbereitschaft, seine Beredsamkeit verhalfen ihm früh im Kreise seiner studentischen Kameraden zu einer führenden Stellung, ohne daß er sie bewußt angestrebt hätte. Sein ursprüngliches Berufsziel, Sozialpfarrer zu werden, zeigt eindeutig seine menschliche und berufliche Neigung an. Er sattelte jedoch vom theologischen zum medizinischen Studium um, weil er meinte, das hohe Berufsideal, wie sein Vater es verkörperte, nicht erreichen und nicht erfüllen zu können. Der Weg zum Arzt lag für ihn und seine ausgeprägt soziale Veranlagung nahe. Frühzeitig wurde er aufgrund seiner sozialen Einstellung von der großen zeitgeschichtlichen Bewegung des Nationalsozialismus erfaßt, nicht aus nationalistischen, rassistischen Gründen, sondern aus seiner sozialen Veranlagung. Er betrachtete sich selbst dem linken Flügel der NSDAP zugehörig, der vor allem von Gregor Strasser verkörperten Richtung.

Dr. Scheel begrüßte den Umschwung 1933, weil er sich die Erfüllung seiner sozialen Ideale erhoffte. Als Studentenführer der Universität Heidelberg und als Gaustudentenführer von Baden setzte er sich für die Verwirklichung seiner Ideale ein, für die Überwindung des Klassenkampfes, für die Förderung armer, begabter Studenten und Studentinnen ebenso wie für die Erhaltung der wertvollen und zeitlosen Tradition deutschen Studententums als Vorkämpfer der deutschen Einheit und der akademischen Freiheit.

Als grundsätzlicher Gegner aller ideologischen Voreingenommenheit und radikaler Maßnahmen lehnte er Ausschreitungen jeglicher Art gegen Andersgesinnte, gegen Juden, Kommunisten, Sozialisten wie alle antikirchlichen Schritte energisch ab. Er lebte seinen „Nationalsozialismus" vor, wie er ihn auffaßte und nun Gelegenheit sah und nahm, ihn zu verwirklichen. Aufgrund seiner persönlichen Ausstrahlung, seiner Rednergabe, seines idealistischen Schwungs fielen ihm hohe Funktionen und Würden ohne sein Dazutun zu. So kam er auf Anraten von Professor Reinhard Höhn 1935 zum SD. Dr. Scheel sah ihn als im Aufbau befindliche Nachrichten-Organisation und praktizierte ihn in seiner Dienststellung als Korrektiv der autoritären Staatsführung in Ermangelung von Presse und Parlamentskritik.

Sein eigentliches, ihm am Herzen liegendes Arbeitsgebiet aber blieb immer der Einsatz für die Studenten, für den Akademiker. Die Berufung zum Reichsstudentenführer 1936 war die wahre Erfüllung seines politischen Wirkens. Auf diesem Gebiet wollte und konnte er segensreich wirken in dem sozialen Sinne, der ihm Lebensaufgabe war. Es war sein Verdienst, daß die Altherrenverbände für die Zusammenarbeit mit den Studenten in den Kameradschaften wiedergewonnen wurden, nachdem besonders der Reichsjugendführer von Schirach durch seine Anordnungen sie vor den Kopf gestoßen und ins Abseits gedrängt hatte. Dr. Scheel gelang es im Rahmen der ihm gegebenen Möglichkeiten, oft in harter Auseinandersetzung mit den Parteistellen, den NSDStB dem Zugriff der Parteigliederungen zu entziehen, die akademische Freiheit wirksam vor den Übergriffen Schirachs, Rosenbergs, Leys, Himmlers, der PO und der SA zu schützen und den bedrängten theologischen Fakultäten und kirchlichen Organisationen des Studententums wirksam zu helfen.

Er war ein grundsätzlicher Gegner des Polizeistaates, der Gestapo und ihrer Methoden, übte freimütig Kritik daran und wirkte ihr nicht selten unter persönlicher Gefahr entgegen. Er verhalf vielen Halbjuden zum Studium, schützte Juden vor Sonderarbeiten und Ausweisung, als Gauleiter von Salzburg setzte er sich für den Verbleib auch der Geisteskranken ein, rettete zum Tode Verurteilten das Leben durch persönliche Intervention nicht nur bei der Gestapo, sondern auch beim Reichsjustizminister Thierack.

Staunenswert war vor allem sein Mut, als er die Ausweisung von 150 000 Elsässern verhinderte und die Zahl der Ausgewiesenen auf rund 6000 eigenmächtig einschränkte.

In der kurzen Zeit seiner nebenbei ausgeübten Tätigkeit als Reichsdozentenführer (1944/45) verteidigte er die Selbständigkeit der juristischen und staatswissenschaftlichen Fakultäten und bekämpfte den beherrschenden Einfluß des Propagandaministeriums in Fragen der Papierzuteilung für wissenschaftliche Arbeiten und universitäre Aufgaben. Er trat für die Förderung der Grundlagenforschung gegen das Übergewicht der zweckbedingten Forschung ein und warnte vor einer Abhängigkeit der Forschung von der Industrie.

Als Gauleiter von Salzburg machte er sich durch seine volkstümliche, schlichte und bescheidene Umgangsart allgemein beliebt bei der ganzen Bevölkerung ohne Unterschied der politischen Gesinnung. Für Stadt und Land wirkte er so segensreich, daß sein Andenken auch nach seinem Tode (1979) nach wie vor in Ehren gehalten wird, amtlich und nichtamtlich. Das von ihm gegründete Heimatwerk, die Verhinderung der Ansiedlung von Rüstungsindustrie, vor allem aber der Bau der Luftschutzstollen und die kampflose Übergabe der Stadt zur Verhinderung von Zerstörungen zählen zu seinen bleibenden Verdiensten. Menschlich und dienstlich war er seinen Mitarbeitern und Untergebenen ein Vorbild. Er beschäftigte in den Ämtern Angehörige der verschiedensten politischen Richtungen, sogar Gegner des Regimes und schützte sie vor Verfolgung und Entlassung. Ihre Auswahl traf er ausschließlich nach rein sachlichen Gesichtspunkten, nach der beruflichen Qualifikation und ihrem guten bürgerlichen Leumund. Er selbst ging in schwerer Zeit meist zu Fuß oder fuhr mit dem Fahrrad ins Amt. Selten benützte er den Dienstwagen, nur bei offiziellen Anlässen trug er Uniform.

Dr. Scheel hat, wie anläßlich seines Ablebens der Salzburger Landesrat in seinem Kondolenzschreiben der Witwe bestätigte, „Geschichte gemacht", als Studentenführer, als SD-Führer, als Gauleiter, im Sinne echter, vorgelebter Humanität, in mutiger Auseinandersetzung mit hohen und höchsten Vorgesetzten, im bewußten Gegensatz gegen den Polizeistaat, gegen KZ's und Gestapo, gemäß *seinem* Nationalsozialismus. Er war die *Verkörperung des Idealismus* der deutschen, besonders studentischen Jugend und ihres Erneuerungswillens.

Quellen- und Literaturverzeichnis

Nachlaß Dr. med. Gustav Adolf Scheel, Salzburger Landesarchiv (SLA).
Private Akten (PrA) von Frau Elisabeth Scheel:
1. Stellungnahme von Dr. G. A. Scheel zu seiner Internierung.
2. Sammlung von eidesstattlichen Erklärungen, Bescheinigungen und Bestätigungen im Zusammenhang mit der Internierung seit Mai 1945 und dem Spruchkammerverfahren 1948/49 sowie mit der Naumann-Affäre.

Zeitschriften

Der Heidelberger Student 1936.
Studenten-Pressedienst. Amtlicher Pressedienst des Reichsstudentenführers 1937.
Akademische Blätter. Zeitschrift des Verbandes der Vereine deutscher Studenten (Kyffhäuser-Verband), Nr. 4, Juli 1980, S. 139 f. Nachruf: „Ein deutsches Leben. Gustav Adolf Scheel (1907–1979)."
Geist der Zeit. Berlin 1937–1944.

Zeitungen

„Die Welt", 1953
„Hamburger Anzeiger", 1953
„Salzburger Landeszeitung", 1941, 1985
„Salzburger Nachrichten", 1953
„Salzburger Volksblatt", 1972, 1977

Bücher

Boberach, Heinz (Hsgb.): Meldungen aus dem Reich, Darmstadt 1965.
Deutsche Annalen, 1980: Nachruf auf Dr. Scheel.
Faust, Anselm: Der Nationalsozialistische Studentenbund, 2 Bde., Düsseldorf 1973.

Festschrift des „Corps Hannovera" an der Technischen Hochschule Hannover (1866-1966).
Hanisch, Ernst: Nationalsozialistische Herrschaft in der Provinz. Salzburg im Dritten Reich. Salzburg 1983.
Höffkes, Karl: Hitlers politische Generale. Die Gauleiter des Dritten Reiches, Tübingen 1986.
Holecek, Hans: Studentenführer der Universität Heidelberg für das Winterhalbjahr 1936/37. 5. Hg. Heidelberg 1936.
Lackerbauer, Ilse: Das Kriegsende in der Stadt Salzburg im Mai 1945, Wien 1977.
Lüdtke, Heidrun: Die Reaktion der deutschen Studenten auf den aufkommenden Nationalsozialismus. Diss. Ungedruckt, Hannover 1985.
Müller, Gerhard: Ernst Krieck und die nationalsozialistische Wissenschaftsreform, Weinheim 1978.
Rühle, Gerd: Das Dritte Reich. Dokumentarische Darstellung des Aufbaues der Nation. Berlin 1934-1938, 2. A., 5 Bde. (1933-1937).
Scheel, Gustav Adolf: Die Reichsstudentenführung. Arbeit und Organisation des deutschen Studententums. Berlin 1938.
Salzburg und das Werden der Zweiten Republik. VI. Landes-Symposion am 4. Mai 1985. Salzburg 1985.
Semper, Apertus: Sechshundert Jahre Ruprecht-Karls-Universität Heidelberg 1386-1986, Festschrift in sechs Bänden. Berlin 1986.
Thielicke, Helmut: Zu Gast auf einem schönen Stern, Hamburg 1984.

Abkürzungsverzeichnis

BdM	= Bund Deutscher Mädchen
DCSV	= Deutsche Christliche Studentenvereinigung
HJ	= Hitlerjugend
NSDAP	= Nationalsozialistische Deutsche Arbeiterpartei
NSDStB	= Nationalsozialistischer Deutscher Studentenbund
PO	= Politische Organisation der NSDAP
PrASch	= Private Akten Scheel
SA	= Sturmabteilung
SD	= Sicherheitsdienst
SS	= Schutzstaffel
SLA	= Salzburger Landesarchiv

Dokumenten-Anhang

1. Eidesstattliche Erklärung Prof. Dr. Gerhard Kittel vom 30. Januar 1948.
2. Brief Dr. Eberhard Müller, seit 1945 Leiter des Evangelischen Hilfswerkes, an Öffentlichen Kläger vom 14. Juli 1948.
3. Die untergeordnete Stellung des Studentenbundes in der NS-Bewegung, anonym, vermutlich von Dr. Scheel verfaßt.
4. To whom it may concern, verfaßt von Heinz Walz, British National, 19. Juni 1948.
5. Eidesstattliche Erklärung Dr. Eduard Friedel v. 5. Juli 1948.
6. Bescheinigung Dr. Hans Hermann Walz, Sekretär der Studiengemeinschaft der evangelischen Akademie, vom 2. April 1948.
7. Eidesstattliche Erklärung Dr. Ludwig Hornung vom 1. Oktober 1948.
8. Erklärung des Fürsterzbischofs von Salzburg, Dr. Andreas Rohracher vom 17. Dezember 1946.
9. Brief des ersten Nachkriegsbürgermeisters von Salzburg, Anton Neumayr, vom 22. Mai 1947.
10. Eidesstattliche Erklärung von Rechtsanwalt Dr. Oskar Zeppezauer, undatiert.
11. Erklärung Adolf Neutatz v. 1. September 1947.
12. Niederschrift Dr. Scheel im Internierungslager: „Bin ich schuldig?", undatiert, vermutlich 1945/46.
13. Beschluß des Bundesgerichtshofes vom 3. Dezember 1954.
14. Entscheidung des Eidgenössischen Justiz- und Polizeidepartements, Bern, den 25. November 1954.

Abschrift

Gerhard Kittel Beuron, Kreis Sigmaringen
Professor u. Doktor der Theologie 30. 1. 1948

Eidesstattliche Erklärung
betreffend den früheren Reichsstudentenführer und Gauleiter, Dr. med. Gustav Adolf Scheel.

Unaufgefordert, aus freien Stücken, gebe ich folgende eidesstattliche Erklärung ab, wobei ich ausdrücklich feststelle, daß mir Wesen und Bedeutung einer eidesstattlichen Erklärung bewußt sind, und daß ich über die Folgen einer falschen eidesstattlichen Erklärung unterrichtet bin.

Der frühere Reichsstudentenführer und Gauleiter Gustav Adolf Scheel hat als Sohn eines mir nahestehenden evangelischen Pfarrers schon als junger Tübinger Student in meinem Hause verkehrt. Ich habe ihn dann völlig aus den Augen verloren und erst kurz nach seiner Ernennung zum Reichsstudentenführer anläßlich eines Besuches, den er der Universität Tübingen bei einer „Universitätswoche" schätzungsweise im Sommer 1937 abstattete, wiedergesehen.

Diese Begegnung ist mir aus einem bestimmten Grunde in sehr lebendiger Erinnerung. Es war eine Zeit, in der für viele schon alles, was mit Kirche und Theologie zusammenhing, der Mißachtung preisgegeben war, in der die meisten Parteistellen und alle, die es mit der Partei nicht verderben wollten (deren Zahl in der Universität erheblich war) eine allzu nahe und vor allem eine nach außen hin allzu sichtbare Intimität mit den Männern von Kirche und Theologie vermieden. Um so erstaunlicher war es nicht nur mir, sondern wurde es allgemein empfunden, daß Scheel, als er mich erblickte, sofort mit spontaner Herzlichkeit auf mich zukam, mir die Hand schüttelte, von seinem Vater, dem Pfarrer, erzählte usw. Daß er, obwohl in SS-Uniform, in der vollen Öffentlichkeit sich dem Theologen gegenüber so verhielt, erregte damals ein gewisses Aufsehen, insbesondere bei manchen Parteifanatikern.

In der Folgezeit steigerten sich die Maßnahmen speziell der Tübinger Universitätsleitung in der Person des verstorbenen Rektors Prof. Hoffmann, gegen die Theologiestudenten in Schikanen und Diffamierungen immer drückender, z. B. in Form von Stipendien-Sperre und Kolleggelderlaß-Sperre u. dgl. Damals schrieb ich an Scheel und schlug ihm eine Aussprache vor, zu der ich zwei weitere theologische Kollegen mitbringen würde. Er war sofort dazu bereit. Die Aussprache fand in Stuttgart statt und verlief so, daß Scheel alle unsere Gravamina sehr aufmerksam anhörte und uns, soweit es in seiner Macht stand, Abhilfe versprach, die auch tatsächlich an mehreren Punkten erfolgte.

Ein wichtiger Punkt, von dem ich allerdings nicht sicher bin, ob ich ihn mündlich oder schriftlich Scheel vortrug, war die Frage der „Deutschen Christlichen Studenten-Vereinigung" (= DCSV) und des DCSV-Hauses in Tübingen. Im Zuge der Auflösung der Korporationen wurde auch die DCSV liquidiert. Scheel versprach mir, sich darum zu bemühen, eine „anständige" Form zu finden, bei der die christlich-kirchlichen Belange nach Möglichkeit gewahrt blieben. Tatsächlich wurde durch die von ihm den Organen der Studentenführung erteilten Weisungen eine Regelung ermöglicht, bei der 1) der „Altfreunde-Verband" der DCSV unter einem neuen Namen seine alte christlich-missionarische Tätigkeit im wesentlichen weiterführen konnte; und durch die 2) das Tübinger DCSV-Haus in den Besitz und das Verfügungsrecht der Kirche überging. Es wurde damals in einer Feier durch Landesbischof Wurm in aller Form übernommen und bildete von dieser Zeit an einen niemals angetasteten Mittelpunkt des christlich-kirchlichen Lebens der Tübinger Studentengemeinde. Daß dies gelang, dürfte angesichts der in jener Zeit sonst herrschenden Tendenzen ausschließlich auf Scheels persönliches Eingreifen zurückzuführen sein.

Ich habe Scheel, soviel ich mich erinnere, noch zweimal aufgesucht, beide Male, um ihm Beschwerden über die Behandlung der Theologen vorzutragen: einmal noch in Stuttgart, einmal in München. Die Unterhaltung in Stuttgart betraf im Sommer 1939 die Tatsache, daß fanatische lokale Studentenführer die Theologen, um sie zu deklassieren, von der studentischen Ostpreußen-Erntehilfe ausschlossen. Auf meine Vorstellungen hin hat Scheel damals sofort diese Versuche durch einen persönlichen Erlaß an die Studentenführungen verhindert und die — nicht zwangsweise, sondern freiwillige — Teilnahme der Theologen an dieser Erntehilfe verfügt.

Die letzte Unterredung fand schon während des Krieges 1941 in München statt. Ich war damals als theologischer Gastprofessor in Wien. Zu den schweren Kämpfen, die wir auf der kirchlichen Seite durchzuführen hatten, gehörte der Widerstand gegen die Versuche, das Wiener „Theologenheim" — eine kirchliche Heimstätte für evangelische Theologiestudenten — zu beschlagnahmen und für andere Zwecke zu verwenden. Auch in diesem Fall hat Scheel auf meine Bitte sofort bereitwilligst eingegriffen und der Wiener Studentenführung Weisungen erteilt, durch die der Gebrauch des Hauses ausschließlich für Theologiestudenten gesichert wurde. Es wurde, soviel mir bekannt, bis Kriegsende nie mehr angetastet.

Seit seiner Ernennung zum Gauleiter von Salzburg habe ich Scheel nicht mehr gesehen. Jedoch hat er auf meine schriftliche Bitte, als die Partei-Schikanen gegen die Kirche in Österreich immer mehr überhandnahmen, den evangelischen Bischof Dr. Eder persönlich empfangen, der mir von dieser Unterredung sehr beglückt erzählte, er sei noch nie von einer Parteistelle so freundlich und so verständnisvoll angehört und behandelt worden wie von dem Gauleiter von Salzburg. Dieser habe in mehreren Fällen von Beschlagnahmen kirchlicher Anstalten usw. mit Erfolg zugunsten der Kirche durchgegriffen. —

Zusammenfassend kann ich sagen, daß Scheel in allen Fällen für die von mir — oder Bischof Eder — ihm vorgetragenen kirchlichen Anliegen Verständnis zeigte, und darüber hinaus: daß er, soweit dies irgend in seiner Macht stand, zu helfen suchte, daß Unrecht verhütet und Härten gemildert wurden. Dies alles aber geschah in den Jahren 1937—1944, also in einer Zeit, in der eine solche Haltung eines führenden nationalsozialistischen Funktionärs nicht nur völlig singulär, sondern zweifellos für ihn und seine Stellung höchst gefährlich war.

Schon daß er mich, den Professor der Theologie, jederzeit empfing, ebenso daß er den Bischof empfing, war alles andere als selbstverständlich. Daß er aber mit seinen Maßnahmen sowohl als Studentenführer wie als Gauleiter dem Radikalismus zu widerstehen und der Kirche zu geben suchte, was ihr gebührte, mußte ihn bei den Kreisen um Rosenberg, Bormann usw. kompromittieren. Daß er dies nicht scheute, war mir schon damals und ist mir auch heute noch ein Beweis nicht nur seines persönlichen Mutes, sondern auch seiner anständigen Gesinnung.

Diese letztere habe ich immer, in allen Gesprächen mit ihm, empfunden. Gewiß gab es auch Fälle, in denen er nicht helfen konnte; auch solche, in denen er eine Hoffnung, die er geweckt hatte, nicht erfüllen konnte, — was ihm dann von manchen zum Vorwurf gemacht wurde. Immer aber hatte ich den Eindruck eines guten und anständigen Wollens, niemals den eines sturen, engstirnigen oder gar bösartigen Fanatikers, den man anderwärts so oft mitnahm. Dabei trat mir gegenüber immer wieder zutage, wo die tiefste Wurzel dieser seiner Gesinnung lag; in der lebendigen Erinnerung an sein Elternhaus, speziell an seinen Vater, den Pfarrer. Wohl in jedem Gespräch brach die rückhaltlose Liebe und Verehrung nicht nur für die Person seines Vaters, sondern auch für seinen Stand, für das Ideal des evangelischen Pfarrers, bei ihm durch. Es ist mir unvergeßlich, wie er mir einmal erzählte — schon als Reichsstudentenführer — er habe ursprünglich Theologe werden wollen, habe aber bald gespürt, daß ihm dazu die volle innere Berufung fehle und daß er deshalb wohl nie so ein Theologe werden würde, wie sein Vater ihm diesen Beruf verkörpere. Deshalb sei er umgesattelt und Mediziner geworden, nicht aus Abneigung gegen den Beruf des Pfarrers, sondern — wie er wörtlich sagte — „im Gegenteil": weil dieser Beruf ihm in der Person seines Vaters so heilig sei, daß er unter keinen Umständen bloß ein halber hätte werden wollen! — Ein andermal, ich glaube bei unserem letzten Treffen, 1941 in München, sagte er auf eine direkte Frage von mir: bisher lägen von Hitler noch keine unmittelbaren antikirchlichen und antichristlichen Weisungen und Befehle persönlicher Art vor; er hoffe immer noch, daß es an diesem Punkte nie zu einem letzten Konflikt kommen werde, sondern daß der Führer jedem in den religiösen Dingen seine persönliche Freiheit lasse (wozu er als Beleg eine Äußerung Hitlers aus einer nicht veröffentlichten Rede in Sonthofen zitierte). „Mich jedenfalls", so fuhr er fort, „wird die Erinnerung an meinen Vater verhindern, jemals etwas gegen die Kirche und gegen das Christentum mitzumachen."

gez. Kittel
(Gerhard Kittel, Doktor und Professor der Theologie)

ABSCHRIFT

14. Juli 1948
Dr. m/Ko

An den
Öffentlichen Kläger der
Interniertenlager

Ludwigsburg
ehem. Fromannkaserne

Betr. Reichsstudentenführer

Dieser Tage kam mir in meiner Zeitung eine Aufforderung zu Gesicht, Belastungsmaterial über den Reichsstudentenführer Scheel bei Ihnen einzureichen. Diese Aufforderung veranlaßt mich, an Sie zu schreiben.

Zuerst zu meiner Person: Ich bin in meiner Eigenschaft als letzter Generalsekretär der 1938 durch die Gestapo verbotenen Deutschen Christlichen Studentenvereinigung vom Beginn der Amtstätigkeit des Reichsstudentenführers Scheel bis zu meiner militärischen Einberufung im Jahr 1940 in ständiger Fühlung mit ihm gewesen. Seit dem Jahr 1933 stand ich im Kampf der Bekennenden Kirche wider den Nationalsozialismus, bin vom Gesetz zur Befreiung vom Nationalsozialismus nicht betroffen und habe außerdem durch Redeverbote, Landesverweisung, Maßregelungen meiner militärischen Dienststellen (auf Veranlassung der Geheimen Staatspolizei) während der ganzen Zeit des 3. Reiches dauernd Anfeindungen gehabt, da ich mich in Wort und Schrift im Rahmen des Kampfes der Bekennenden Kirche an dem Kampf gegen die nationalsozialistische Gewaltherrschaft beteiligt habe. Seit 1945 bin ich Leiter der Evangelischen Akademie in Bad Boll.

Zur Person von Herrn Dr. Scheel bin ich in der Lage, folgende Aussagen zu machen: Dr. Scheel wurde, wenn ich mich recht erinnere, im Jahr 1935 in das Amt des Reichsstudentenführers berufen. Seine Berufung war die Folge davon, daß sein Vorgänger Derichsweiler in einer so rücksichtslosen Weise auf dem Gebiet der Hochschule die Gleichschaltungen durchzuführen versuchte, daß ernste Mißstimmung in der Studentenschaft entstanden war. Dr.

Scheel hatte in seiner Eigenschaft als Gaustudentenführer von Südwest diesen Radikalisierungsversuchen offen widerstanden und die Durchführung der Derichsweiler'schen Maßnahmen an den Hochschulen seines Bereichs verhindert. Nach dem Sturz Derichsweilers sollte ein gemäßigterer Mann offenbar die schwer verstimmte Studentenschaft wieder zur Ruhe bringen.

Ich habe kurz nach seiner Ernennung Dr. Scheel in seinen Stuttgarter Diensträumen besucht, und er hat in außerordentlich offener Weise mir gegenüber seine Abneigung gegen die damalige Kulturpolitik des 3. Reiches Ausdruck gegeben, was mich deswegen außerordentlich gewundert hat, weil ich Dr. Scheel bis dahin völlig unbekannt gewesen war. Dr. Scheel war der einzige höhere nationalsozialistische Führer, den ich kennengelernt habe, demgegenüber man offen seiner Sorge wegen der Kirchen- und Kulturpolitik des nationalsozialistischen Staates Ausdruck geben konnte, ohne befürchten zu müssen, dafür Maßnahmen der Geheimen Staatspolizei erleiden zu müssen.

Dr. Scheel hat bis zum Jahr 1938 seine schützende Hand über die Arbeit der Deutschen Christlichen Studentenvereinigung gehalten, was um so erstaunlicher war, als ihm bekannt sein mußte, daß sich hinter dieser Vereinigung vielfach gleichzeitig die illegalen Studentengruppen der Bekennenden Kirche verbargen. Dr. Scheel ist zweifellos in seinen Studentenjahren aus irregegangenem vaterländischen Idealismus in die nationalsozialistische Partei geraten, und er hat in allen Stellen, in denen er tätig war, mit erstaunlicher Offenheit seiner idealistischen Auffassung der nationalsozialistischen Bewegung durch die Tat Nachdruck zu verleihen versucht. Vor allem hat er stets die Forderung der Geistesfreiheit als eine unerläßliche Bedingung des geistigen Lebens herausgestrichen. In einem Gespräch, das ich in jenen Jahren mit ihm hatte, brachte er dies auch offen zum Ausdruck und betonte, daß er aus diesem Grunde sich jedem Verbot einer Sammlung christlicher Studenten widersetzen werde.

Als dann im Jahr 1938 die Deutsche Christliche Studentenvereinigung auf Betreiben der Kreise um Rosenberg durch die Gestapo verboten wurde, hat Dr. Scheel dieses Verbot in folgender Weise unwirksam gemacht: Er hat zunächst in seinem polizeilichen Befehlsbereich im Südwesten die Vermögensbeschlagnahme aufgehoben und später auch die Aufhebung der Vermögensbeschlagnahme im ganzen Reich durchgesetzt. Er hat damals teils selbst, teils durch seine nächsten Mitarbeiter mit mir in völlig offener Weise verhandelt, wie die Weiterarbeit der Christlichen Studentenarbeit trotz dieses Verbots sichergestellt werden kann. Dies wurde in der Weise verabredet, daß die christlichen Studentenkreise, nachdem ihnen die vereinsmäßige Form nicht mehr möglich war, sich unter ihren Studentenpfarrern sammeln sollten. Nun bestanden aber nur in etwa ⅕ der deutschen Hochschulen Studentenpfarrämter. Ein Teil dieser Studentenpfarrer waren „Deutsche Christen" und infolgedessen für die Führung unserer Kreise untragbar. Aus diesem Grunde wurde mit Reichsstudentenführer Scheel die Verabredung getroffen, daß eine Arbeitsgemeinschaft von den Pfarrern gebildet werde, die Studentenkreise leiten. Alle von diesen Pfarrern geleiteten Kreise wurden offiziell anerkannt. Das Verbot der Gestapo führte also lediglich zu einer Beseitigung des Namens „Deutsche Christliche Studentenvereinigung" und führte gleichzeitig zu der Vereinigung aller der Bekennenden Kirche nahestehenden Studentengruppen unter dem Namen „Studentengemeinde". Mit diesem Instrument war es uns sogar möglich, die deutschchristlichen Studentenpfarrer aus ihren Ämtern zu entfernen. Wir ernannten beispielsweise in Leipzig, wo das deutschchristliche Naziregiment in der sächsischen Landeskirche einen deutschchristlichen Studentenpfarrer eingesetzt hatte, einfach einen anderen Pfarrer zum Mitglied unserer Arbeitsgemeinschaft, und dieser genoß für seinen Studentenkreis damit die Anerkennung der Studentenschaft. Alle deutschchristlichen Versuche, selber einen Studentenkreis zu bilden, scheiterten. So kam die Verabredung mit Scheel praktisch einer Ermächtigung gleich, im Raum der Hochschulen alle deutschchristlichen Studentenpfarrer in ihrer Arbeit lahmzulegen.

Selbstverständlich habe ich mich schon damals gefragt, wie ein Mann solch eine selbständige Kulturpolitik verfolgen und gewissen Maßnahmen der Gestapo direkt den Krieg ansagen kann und gleichzeitig in einem erstaunlichen Maße im nationalsozialistischen Staat Karriere machen. Ich habe mich schon damals mit vielen Leuten innerhalb und außerhalb der Partei über diese Frage unterhalten und immer wieder die einhellige Auskunft erhalten, Dr. Scheel sei eben dafür bekannt, daß er die ihm anvertrauten Aufgaben mit außerordentlichem Geschick durchführe und daß in den ihm unterstellten Dienststellen nicht die Schweinereien passierten, die sonst üblich waren. Es ist bekannt, daß auch der nationalsozialistische Staat gerade solche Kräfte nicht entbehren konnte, und Dr. Scheel seinerseits fühlte sich zweifellos dafür verantwortlich, die ihm gegebenen Chancen in einem unausgesetzten Kleinkrieg so weit als irgend möglich auszunutzen für die Durchsetzung **seines** Verständnisses der nationalsozialistischen Idee.

Ich muß zwar von mir bekennen, daß ich nicht in alle Zweige der außerordentlich vielseitigen Tätigkeit von Dr. Scheel Einblick gehabt habe. Wenn man aber durch die persönliche und dienstliche Haltung Dr. Scheels auf dem Bereich der Hochschule Schlüsse ziehen kann auf seine gesamte übrige Tätigkeit, so kann darüber kein Zweifel bestehen, daß er nicht zu denen gehört, die für die Verbrechen des nationalsozialistischen Staates irgendwie verantwortlich gemacht werden können, daß er vielmehr so weit als irgend möglich versucht hat, Recht und Freiheit im nationalsozialistischen Staat zu verteidigen.

Ich kann mir nicht versagen, zum Schluß Ihre Pressemitteilung einer gewissen Kritik zu unterziehen. Es wird darin behauptet, daß unter Dr. Scheel die Arisierung und Bereinigung des ganzen Hochschulwesens durchgeführt wurde. Die Rhein-Neckar-Zeitung bringt diese Mitteilung sogar in der Formulierung, Dr. Scheel selber habe diese Bereinigung durchgeführt. Wahrscheinlich könnte man im selben Sinne dann auch behaupten, unter Dr. Scheel sei die christliche Studentenarbeit verboten worden. Nach dem, was ich von der Wirksamkeit Dr. Scheels an den deutschen Hochschulen festgestellt habe, steht fest, daß zwar selbstverständlich während seiner Amtszeit sehr viele schlechte Dinge an deutschen Hochschulen geschehen sind, womit aber noch längst nicht bewiesen ist, daß er selbst nicht das Möglichste getan hat, um sie zu verhindern. Diese Pressemitteilung scheint mir ein Urteil über Dr. Scheel vorwegzunehmen, ehe seine Persönlichkeit in irgendeiner ernsthaften Weise geprüft worden ist. Ich möchte deswegen nicht schließen, ohne die Bitte auszusprechen, daß in ähnlich ausführlicher Weise über Dr. Scheel in der Presse berichtet werden möge, wenn das Spruchkammerverfahren gegen ihn zu Ende geführt ist. In den Kreisen derer, die mit Dr. Scheel in den langen Jahrzehnten in dienstlicher Berührung gewesen sind, würde sonst das Vertrauen in die Objektivität der Spruchkammerverfahren gefährdet werden.

gez.: Dr. Müller
Siegel
(Dr. Eberhard Müller)

I. Die untergeordnete Stellung des Studentenbundes in der NS-Bewegung

A) Der Studentenbund war keine Gliederung im üblichen Sinne:

(1) Die Erhebung des StB zu einer *Gliederung* im Jahre 1934 erfolgte *nur dem Namen nach*, in Wirklichkeit war der Studentenbund nie eine vollwertige Gliederung, sondern ein selbständiger Verband eigener Art.

(2) Die Gliederungen (SA, SS, HJ, NSKK usw.) ließen eine *gleichzeitige Mitgliedschaft* bei einer anderen Gliederung nicht zu. Von den Mitgliedern des StB dagegen wurde die gleichzeitige Zugehörigkeit zu SA, SS usw. geradezu verlangt, weil die Partei und die Gliederungen die Zugehörigkeit zum Studentenbund allein als politischen Einsatz für nicht ausreichend ansahen.

(3) Die Gliederungen hatten ihr klares *Programm* und eine *öffentlich* anerkannte Stellung. Der StB ist nie als eigener Machtfaktor in Erscheinung getreten. Partei und Staat haben ihm nie die Aufstellung und Durchführung eines eigenen Programms zugestanden, selbst dort nicht, wo er sich geistig zu klaren Forderungen durchgerungen hatte (z. B. nach einer sozialistischen Gestaltung des Studiums).

(4) Schon in der Kampfzeit ist der Studentenbund – abgesehen von den hochschulinternen Astawahlen – *nach außen hin nicht als Kampfformation in Erscheinung* getreten. Wer sich am allgemeinen politischen Kampf beteiligen wollte, mußte dies schon damals in der SA oder SS tun (vgl. Horst Wessel). Dieser Zustand ist durch die Entwicklung nach 1933 nicht abgeschwächt, sondern eher verstärkt worden.

(5) Der StB war im Grunde eine *Standesorganisation*. Er umfaßte nur Studenten und stand damit in scharfem Gegensatz zu den Gliederungen, in denen alle Schichten des Volkes vertreten waren. Der StB hatte dieserhalb bis zuletzt einen schwierigen Stand, weil eine starke Strömung innerhalb der Partei in ihm die Organisation einer Klasse sah, die dem NS-Programm widersprach. Dem StB wurde neben den Gliederungen ein eigenes Daseinsrecht vielfach bestritten.

(6) Der Studentenbund war nur eine *kurze Durchgangsstation*. Er umfaßte seine Mitglieder nur während der kurzen Dauer ihres Studiums. Die Gliederungen erfaßten ihre Mitglieder ungleich länger oder dauernd.
(7) Der StB hatte nicht die militärische *Organisation* (in Stürme, Sturmbanne, Standarten usw.). Im Gegensatz zu den militanten Gliederungen, SA, SS, HJ, NSKK usw., wurde er von der obersten Parteiführung zusammen mit Dozentenbund und Frauenschaft als *nicht militante Gliederung* gewertet und dementsprechend einflußmäßig und finanziell schlechter gestellt.
(8) Die *Mitgliederzahl* des StB war gering; während die Mitgliederzahlen der SA, SS usw. hoch in die Hunderttausende oder Millionen gingen, fiel der StB mit seinen 30-40 000 Mitgliedern innerhalb der Partei nicht ins Gewicht.
(9) Der StB hat zwar 1934 eine eigene Uniform verliehen bekommen. Sie wurde jedoch aus Abneigung des Studententums gegen das Uniformwesen kaum getragen.

B) **Der StB war maßgeblich vom Studententum, nicht aber von der Partei her gestaltet**

(1) Vor 1933 hat der StB in das studentische Leben, das seinen Schwerpunkt in den Korporationen hatte, nicht eingegriffen. Er war bei der Machtübernahme ohne feste Vorstellung über die zukünftige Gestaltung des studentischen Lebens.
(2) 1933 blieben die Korporationen die Grundlagen des neuen studentischen Gemeinschaftslebens. Sie wurden in der Verfassung der Deutschen Studentenschaft vom 23. 2. 1934 ausdrücklich anerkannt (Gemeinschaft studentischer Verbände).
(3) 1935 wurde das Studententum zum Objekt außerstudentischer Machtkämpfe der obersten Partei- und Staatsführung (Reichsärzteführer Wagner als Hochschulbeauftragter der NSDAP, Dr. Lammers, Schirach, Rust). In ihrem Verlauf wurden Studentenschaft und Studentenbund gegeneinander ausgespielt, und das studentische Leben verfiel.
(4) Erst dem Reichsstudentenführer Dr. Scheel gelang es seit Ende 1936, das studentische Selbstbestimmungsrecht wieder zurückzugewinnen und die widerstrebenden revolutionären und traditionellen Kräfte zu versöhnen.

(5) Unbeschadet des Führerprinzips (vgl. unten) war die Organisationsgrundlage des StB durch die alten studentischen Grundsätze der Selbstverwaltung, Selbstführung und Selbsterziehung vorgezeichnet. Der Studentenbund hat nie die straffe Organisation und Führung besessen wie die Gliederungen.

(6) Im Mittelpunkt der Gliederungen und der Partei stand der Begriff des „Dienstes". Der StB legte den Schwerpunkt auf die studentische Lebensgemeinschaft und auf die Bildung zur Persönlichkeit.

(7) Die studentischen Kameradschaften waren grundsätzlich etwas anderes als die Stürme der SA und die Einheiten der HJ. Sie sind nicht aus der NS-Kampfzeit heraus entstanden, sondern aus den überlieferten Lebensformen des deutschen Studententums.

(8) Im StB galt nicht die Uniformität und Gleichschaltung der einzelnen Teile, sondern die Eigenständigkeit. Jede Kameradschaft sollte ebenso wie jede Hochschulstadt und Landschaft ihr eigenes Gesicht und Gepräge haben (besondere Aufgaben).

(9) Dementsprechend pflegte und wahrte jede Kameradschaft ihre Selbständigkeit gegenüber der Studentenführung, diese gegenüber der Gaustudentenführung, diese gegenüber der Reichsstudentenführung und diese schließlich gegenüber Partei und Staat. Die Tendenz zur Besonderheit und Abweichung war im StB schon immer und bis zuletzt sehr stark.

(10) Die studentische Führung unterschied sich durch ihre Eigenart von der der Partei und ihren Gliederungen (vgl. Ziffer II).

(11) Kritik, Diskussion und Opposition waren bis zuletzt ständige Merkmale des studentischen Lebens, wie sie in den Gliederungen nicht oder nicht in dem weiten Maße zugelassen waren.

C) Die NS-Bewegung stand dem StB mit Vorbehalt oder Ablehnung gegenüber

(1) In weiten Kreisen des Nationalsozialismus herrschte eine ausgesprochene Geistfeindlichkeit. Man glaubte, daß Politik und Wissenschaft Gegensätze seien und daß die geistige Bildung die politische Entschlußkraft beeinträchtige. Es fehlte in diesen Kreisen das Verständnis für die inneren Gesetze geistigen Lebens. Kritik und Zweifel, die wesentlichen Elemente jeder Geistigkeit, wurden als politische Meckerei und Reaktion gewertet.

(2) Führer der Partei haben deshalb in ihren öffentlichen Reden die geistigen Kreise immer wieder als Intellektuelle scharf angegriffen und ihnen politische Unbrauchbarkeit vorgeworfen.

(3) Ungeachtet der Tatsache, daß der StB ein Teil der Bewegung war, wurde er von den führenden Kreisen der Partei und der Gliederungen als Exponent der geistigen Schicht beargwöhnt und bekämpft.

(4) Insbesondere die Gliederungen versuchten immer wieder von ihrer Seite her, den StB auszuhöhlen und zu verdrängen. 1933/34 wollte sich die SA über das SA-Hochschulamt den entscheidenden Einfluß auf das Studententum verschaffen. Später wollten die Gliederungen gemeinsam durch Einrichtung eigener SA-, SS-, HJ-, NSKK-Kameradschaften den StB ausschalten. Aber die vom StB vertretene Eigengesetzlichkeit des studentischen Lebens erwies sich auf die Dauer als stärker.

(5) Schärfste Ablehnung erfuhr der Studentenbund von seiten der HJ, die in ihren Zeitschriften und Darstellungen den Studenten und Altakademiker als den Prototyp des bürgerlichen Spießers und Reaktionärs verunglimpfte. Als Dr. Scheel 1936 Reichsstudentenführer wurde, erklärte ihm Schirach telegrafisch, daß er nunmehr für alle Zeiten die Beziehungen zu ihm abbreche.

(6) Hitler selbst hat das Akademikertum immer wieder wegen seiner politischen Haltung sehr scharf angegriffen und sich nie über die Aufgaben und die Tätigkeit des StB geäußert. Er sprach 1936 anläßlich der 10-Jahres-Feier des StB zum letzten Male vor Studenten. Dabei hat er eine Vorlesung über deutsche Geschichte gehalten, aber zum Studentenbund selbst nichts gesagt. Auch bei der Grundsteinlegung der Wehrtechnischen Fakultät in Berlin, kurz vor dem Kriege, hat er entgegen den Erwartungen aller die brennenden Fragen von Hochschule und Studententum überhaupt nicht angeschnitten. Der StB wußte bis zuletzt nicht, wie er beim Führer dran war.

(7) Der Reichsstudentenführer ist vom Führer nie zum Vortrage bestellt worden. Er hatte auch sonst keine Gelegenheit, mit ihm seine Tätigkeit durchzusprechen. Der Führer hat sich um den StB seit der Machtübernahme nicht mehr gekümmert.

(8) Ebenso haben die Gau- und Kreisleiter der Hochschulorte es möglichst vermieden, vor Akademikern und Studenten zu sprechen. Sie haben teilweise ihre Ablehnung offen zum Ausdruck gebracht.
(9) Innerhalb der Bewegung wurden dem StB für seine Arbeit nur ganz geringe Mittel bewilligt, da seine Existenz und Tätigkeit für nicht vordringlich erachtet wurde. Eine Gaustudentenführung hatte im Durchschnitt monatlich einige 100 RM zur Verfügung, die in der Hauptsache für Miete und Sekretärinnen verbraucht wurden.
(10) Auf Tagungen und Arbeitsbesprechungen wurde dem StB dauernd vorgeworfen, daß er zu wenig tue, um die Intelligenz für die Bewegung zu gewinnen.

II. Der besondere Charakter der studentischen Führung

A) Die studentische Führung war bestimmt von den Grundsätzen der Selbstführung und Selbstverwaltung

(1) Die deutschen Studenten haben immer persönliche und geistige Freiheit als Grundvoraussetzung jedes studentischen Lebens gefordert. Sie haben sich in jahrhundertelangen Kämpfen von der Vormundschaft der Kirche und des Staates befreit und ein eigenes autonomes studentisches Leben aufgebaut. Die studentische Kampfparole war immer die akademische Freiheit, ihr konkretes Ziel die studentische Selbsterziehung, Selbstverwaltung und Selbstführung.
(2) Auf diesen Grundsätzen wurde 1919 die Deutsche Studentenschaft gegründet. Ebenso hat sich der StB von Anfang an vorbehaltlos auf den Boden dieser Prinzipien gestellt und sie seit 1933 an den Fachschulen zum ersten Mal zur Geltung gebracht. Bis dahin waren die Angehörigen der Fachschulen lediglich Objekte der Schulverwaltung gewesen, jetzt erhielten sie vom Staat offiziell das Recht der studentischen Selbsterziehung und Selbstverwaltung.
(3) Der StB hob sich mit diesen Grundsätzen von den übrigen NS-Organisationen ab. Das NS-Führerprinzip (dem militärischen Vorbild entsprungen und, fußend auf Befehl und Gehorsam, getragen von einem religiös gefärbten unbedingten

Glauben an den Führer und seine Idee) ließ sich im studentischen Bereich nicht durchführen.

(4) Der Student haßt nichts so sehr wie Gleichmacherei und Zwang. Er bewegt sich in der Welt des Geistes, und sein Ziel ist die Bildung seiner Persönlichkeit. Befehl und Zwang sind Grundfeinde des geistigen Lebens und deshalb als Führungsmittel im Studententum völlig unmöglich. Sie haben zu allen Zeiten die Studenten sofort in die Opposition getrieben, auch im Nationalsozialismus.

(5) Der Student wird auf der Hochschule zur Kritik erzogen und sieht in Diskussion und Zweifel wesentliche Voraussetzungen des geistigen Lebens. Er lehnt es ab, eine vorgesetzte Meinung einfach zu übernehmen, sondern will sich sein Urteil überall selbst bilden. Er wird daher einer anderen Meinung nur dann und insoweit folgen, als er sich persönlich von ihrer Richtigkeit überzeugt hat. Der StB hat seine Führung diesen Gegebenheiten entsprechend mehr und mehr so gestaltet, daß sie persönlich und sachlich der allgemeinen studentischen Kritik standhalten konnte.

(6) Aus diesem Grunde konnte das NS-Führerprinzip im StB nur formell durchgeführt werden. In der Praxis haben die demokratischen Grundsätze, die immer das studentische Leben beherrschten, auch im StB mehr und mehr den Ausschlag gegeben.

B) Die studentische Führung hatte starke demokratische Einschläge

(1) Die Studenten dulden nie Vorgesetzte über sich. Sie fühlen sich alle als gleiche. Die von ihnen herausgestellten Führer waren immer nur Beauftragte, Chargierte und Sprecher ihrer Gemeinschaften.

(2) Auch die Führer des StB standen unter diesem Gesetz. Sie wurden nur anerkannt, soweit sie durch ihre Persönlichkeit und Leistung überzeugten. Wenn sie diesen Forderungen nicht entsprachen, wurden sie abgelöst. Formell konnten sie zwar nicht gewählt werden, aber in der Praxis erfolgte ihre Bestimmung immer durch die Gemeinschaft selbst, die sie nachher führen sollten. Ihre Einsetzung durch die übergeordnete Stelle war nur ein äußerer Akt.

(3) Ungeachtet der Praxis in der NS-Bewegung blieb im StB immer der Gedanke lebendig, daß die Führer gewählt werden sollten. Der Reichsstudentenführer Dr. Scheel hat an die studentischen Führer immer appelliert, ihr Amt so zu führen, daß sie bei einer allgemeinen Abstimmung jederzeit gewählt würden.

(4) In den Kameradschaften als den engsten und unmittelbarsten Zellen studentischen Lebens wurde die Wahl sogar offiziell durchgeführt. Der Kameradschaftsführer und die übrigen Amtsträger wurden von der Kameradschaft gemeinsam ausgewählt und dem Studentenführer zur Bestätigung vorgeschlagen. Dieser in der Dienstanweisung der Kameradschaften verankerte Grundsatz stand im Widerspruch zum Führerprinzip in der Partei.

(5) Ebenso hatten die Kameradschaften des StB als einzige NS-Organisation die Einrichtung des sogenannten Kameradschaftsringes. Hier trat die ganze Kameradschaft regelmäßig zur Besprechung und Beratung aller wichtigen Angelegenheiten zusammen und faßte gemeinsam die notwendigen Beschlüsse, die dann der Kameradschaftsführer nach außen zu vertreten und durchzuführen hatte.

(6) In entsprechender Weise wurden auch die wichtigen Entscheidungen in der Studentenführung, Gaustudentenführung und Reichsstudentenführung immer im Kreise der Amtsträger gemeinsam besprochen, diskutiert und beschlossen. Diese Praxis, insbesondere die Arbeitsbesprechungen des Reichsstudentenführers Dr. Scheel mit seinen Mitarbeitern, erregten überall, wo sie bekannt wurden, berechtigtes Aufsehen.

(7) Ein studentischer Führer war immer nur primus inter pares. Dieser Grundsatz wurde vom Reichsstudentenführer in seinen Reden nachdrücklich betont und auch in der Dienstanweisung klar niedergelegt.

(8) Der StB hatte keine Führerdienstränge, sondern nur Dienststellungen. Mit dem Ausscheiden aus der Dienststellung hörte auch die Führereigenschaft auf. Der Betreffende trat wieder ohne Vorrecht in seine Gemeinschaft zurück.

(9) Die studentischen Führer waren äußerlich durch Abzeichen nicht gekennzeichnet. Der Kult der Dienstgradabzeichen war dem studentischen Leben fremd. Wer sich nicht kraft seiner Persönlichkeit allein durchsetzen konnte, hatte den Studenten nichts zu sagen und mußte abtreten.

(10) Die Annahme von Gliederungs- und Parteirängen geschah nur deshalb, weil dies nach außen hin notwendig war, um die studentischen Belange gegen Partei und Staat nachdrücklicher vertreten zu können.
(11) Ein Studentenführer konnte nie autoritär regieren oder diktieren. Er war sich klar, daß er sein Amt nur in Übereinstimmung mit der Studentenschaft ausüben konnte. Wer dies außer acht ließ, ist zwangsläufig gescheitert. Der Reichsstudentenführer selbst hat es öffentlich immer wieder ausgesprochen, daß man im geistigen Bereich nicht einfach kommandieren könne „rechtsum" oder „linksum" und daß es ungleich schwieriger sei, eine Studentenschaft zu führen als einen SA- oder SS-Sturm.
(12) Die studentischen Führer hatten auch keine äußeren Zwangsmittel zur Verfügung. Das studentische Disziplinarrecht war ein kümmerliches Gebilde und kam kaum zur Anwendung. Ein Ausschluß aus dem StB, der nur in ganz seltenen Fällen zu erreichen war, hatte keine Bedeutung, weil die anderen Organisationen sich nicht darum kümmerten und daraus für das Fortkommen keinerlei Nachteile erwuchsen.
(13) Die Inanspruchnahme polizeilicher oder parteilicher Zwangsmittel wurde von der studentischen Führung schärfstens abgelehnt als eine Einmischung in die studentische Autonomie. Sie hat sich überall gegen solche Übergriffe entschlossen gewehrt, wie später noch auszuführen sein wird.
(14) Jeder studentische Führer, dem es nicht mehr paßte, konnte jederzeit unbehelligt sein Amt niederlegen. Ebenso konnte jeder Student jederzeit seine Meinung über Akte der Führung dieser gegenüber freimütig äußern, und dies wurde auch immer getan, ohne daß deshalb die Betreffenden benachteiligt wurden.
(15) Der im Wesen des Studiums liegende rasche Wechsel und die kurze Dauer ließ in der studentischen Führung von vornherein den Gedanken nicht aufkommen, sich eine persönliche Machtstellung zu verschaffen. Jeder gab seiner Amtsführung seine persönliche Note und fühlte sich durch Akte seines Vorgängers nicht gebunden. Dadurch erhielt die studentische Führung einen ausgesprochen flüchtigen und unbeständigen Charakter.

(16) Dazu kam, daß das in den studentischen Organisationen lebendige, sehr starke Selbständigkeitsgefühl sich gegen jede Beeinflussung von oben oder außen her sträubte. Die Kameradschaften wollten sich in erster Linie selbst führen und wahrten ihre Selbständigkeit gegenüber der Studentenführung, diese gegenüber der Gaustudentenführung, diese gegenüber der Reichsstudentenführung und diese schließlich gegen Partei und Staat.

C) Die NS-Bewegung nahm die studentische Führung nicht für vollwertig

(1) Aus dem Gegensatz zwischen persönlicher Freiheit und allgemeiner Gleichschaltung entstand zwischen den studentischen Führern und den Führern der Partei und ihren Gliederungen überall, wo sie zusammentrafen, eine tiefe Verschiedenheit in der Auffassung über den Nationalsozialismus und seine Verwirklichung. Aus dieser Meinungsverschiedenheit ergab sich häufig eine Mißachtung und Verdächtigung des studentischen Sektors. Die Studentenführer galten in der Bewertung durch die Parteiführer meist als schlechtere Nationalsozialisten.

(2) Die tatsächliche Bewertung der studentischen Führer zeigte sich am deutlichsten in der formellen Dienstrangverleihung durch die Partei und die Gliederungen. Die höchsten studentischen Führer in der Gau- und Reichsebene wurden von den Gliederungen in der Regel nicht über die Klasse der Sturmführer hinaus befördert, in der Partei erhielten sie Dienstgrade der Gemeinschaftsleiter und Abschnittsleiter. Viele waren nach Jahren noch nicht Sturmführer, eine große Zahl der studentischen Führer waren nicht Parteigenossen.

(3) Die studentischen Führer dienten in ihrem Amt in erster Linie ihrer studentischen Sache und nicht der Partei. Nur in den seltensten Fällen sind studentische Führer anschließend in den hauptamtlichen Dienst der Partei oder ihrer Gliederungen übergetreten.

(4) Die Partei und ihre Gliederungen haben sich bei ihrem Führernachwuchs auf den StB nicht gestützt, sondern ausschließlich die HJ bevorzugt oder ihre eigene Führerauslese getrieben.

(5) Ein Gaustudentenführer war vergleichsweise neben einem Gebietsführer der HJ im politischen Leben des Gaues ein nahezu unbeachteter Mann. Der Studentenführer und seine Mitarbeiter wurden überhaupt nicht als politische Führer angesehen. Sie waren in der Regel ohne Verbindung zur Partei. Die Amtsleiter der Reichsstudentenführung waren nicht vergleichbar mit den Amtsträgern der Reichsleitung der Partei und ohne Einfluß auf die Parteiangelegenheiten und ohne Kenntnis von diesen.

(6) Dem Akademiker und auch dem StB wurde weithin das Recht zur politischen Führung abgesprochen. Man wollte in ihm nur den wissenschaftlichen Facharbeiter sehen, der im Dienst der politischen Führung auf seine Aufgaben angesetzt werden sollte. Die politischen Führer selbst sollten auf besonderen parteieigenen Schulen herangebildet werden (Dr. Ley). Adolf Hitler-Schulen und Ordensburgen waren eine ausdrückliche Kampfansage dieser Richtung gegen Hochschule und StB.

(7) Der StB hat bis zuletzt keine eigene Führerschule gehabt.

III. Der Widerstand des StB gegen bestimmte Maßnahmen und Methoden des Nationalsozialismus

A) Der StB hat fremde Gewalt vom Studententum abgewehrt

(1) Die studentische Führung hat seit 1933 eine Reihe von Angriffen und Übergriffen der NS-Führung auf die studentische Freiheit abgewehrt und demgegenüber die studentische Auffassung vertreten und durchgesetzt.

(2) 1933/34 versuchte die SA als stärkste Gliederung, die Führung und Erziehung der deutschen Studenten in ihre Gewalt zu bekommen und nach Art und Methode ihrer Stürme durchzuführen. Sie errichtete zu diesem Zweck die SA-Hochschulämter mit eigenen Ausbildungslagern. Die studentische Führung wehrte sich energisch dagegen unter Berufung auf die Besonderheit und Freiheit des studentischen Gemeinschaftslebens und brachte das Vorhaben zum Scheitern.

(3) Später versuchten alle Gliederungen den Gedanken der studentischen Kameradschaften von innen her auszuhöhlen, indem sie überall sogenannte SA-, SS-, HJ- und NSKK usw.

Kameradschaften an den Hochschulen gründeten, die sie eng mit ihren Organisationen verbanden und in ihrem Geist ausrichten wollten. Der StB verfolgte gegenüber dieser Einmischung von außen den Gedanken des Zusammenschlusses aller Studenten in einer besonderen Organisation auf dem Boden des altbewährten studentischen Ideengutes.

(4) Reichsjugendführer von Schirach wollte lange Zeit den StB mit der HJ unter seiner Führung vereinigen und die Ausbildungsgrundsätze der HJ auch auf das Studententum übertragen. Die Reichsstudentenführung wehrte sich erbittert gegen diese Absichten und verteidigte die studentische Selbständigkeit und Eigenart erfolgreich gegen die HJ (vgl. das Telegramm Schirachs oben Ziff. I C [5]).

(5) Reichsminister Rust wollte 1935 das Führerprinzip an den Hochschulen durchführen und die Studenten führungsmäßig den Rektoren und damit sich selbst unterstellen. Der StB bewahrte auch hier das studentische Recht auf Selbstverwaltung und Selbstführung davor, vom Staat kassiert zu werden.

(6) Sehr gefährlich waren die Anstrengungen des ROL. Dr. Ley, das Studententum zu kassieren. Er wollte das Studententum in die DAF eingliedern und die Mitglieder des StB in die Uniformen der Pol. Leiter stecken. Dies wurde rundweg abgelehnt, weil es das Ende studentischer Selbständigkeit und geistiger Freiheit bedeutet hätte.

(7) Dr. Ley betrieb auch die Zerschlagung der Hochschulen, wie sie die abendländische Tradition gebildet hatte, in reine berufliche Fachanstalten. Die Führung der Nation sollte allein den Ordensjunkern der Partei vorbehalten sein. Dem stellte der StB entschieden den Gedanken der Universitas als Grundlage des Studiums gegenüber und verfocht die Verankerung der fachlichen Spezialausbildung in einer umfassenden und soliden Allgemeinbildung sowie das Recht des Studententums auf gleichberechtigte Teilnahme an der Führung der Nation.

(8) Das auf dem Boden der studentischen Selbsthilfe entstandene sozialistische Werk des Langemarck-Studiums stach der DAF in die Augen, und sie wollte es schlucken. Die Reichsstudentenführung hat dies entschlossen verhindert, weil dadurch das Langemarckstudium zu einem bloßen Mittel der Massenpropaganda mißbraucht worden wäre, während es der Reichsstu-

dentenführung um die sachliche Erfüllung einer sozialen Grundforderung unserer Zeit ging.

(9) Auf dem Gebiet der Kunst- und Musikschulen mußte sich der StB vor allem gegen die Tendenzen der Goebbels'schen Kulturpolitik zur Wehr setzen. Goebbels wollte sich dieser Schulen bemächtigen, um sie wie alle anderen ihm unterstehenden Kulturinstitute zu Zwecken seiner politischen Propaganda zu mißbrauchen. Demgegenüber kämpfte der StB mit der jungen Künstlergeneration für die Selbständigkeit und Freiheit der persönlichen Entwicklung, die jede echte Kunst unerläßlich braucht, und verhinderte die Verwirklichung der gefährlichen Pläne. Die studentischen Kunstausstellungen, insbesondere die Reichsausstellung Junger Kunst in Salzburg 1942, waren eine offene Kampfansage gegen die offizielle Kulturpolitik des Dritten Reiches.

(10) Die von der Dienststelle Rosenberg und von dem Hauptschulungsamt der NSDAP für die Partei verbindlich gemachte Schulung wurde vom StB abgelehnt, weil ihre Thesen inhaltlich teilweise als unrichtig angesehen wurden. Der „Mythus des 20. Jahrhunderts" war durch die wissenschaftliche Kritik der Hochschulen derartig erschüttert, daß er von den Studenten kaum mehr gelesen wurde. Das Schulungsmaterial der Partei war in den Kameradschaften des StB nicht verbindlich, weil es zu dogmatisch, zu naiv und wissenschaftlich zu wenig begründet war. Die Schulungsredner der Partei waren im StB nicht eingesetzt, die Studentenschaft gehörte nicht zum Schulungsbereich der Parteischulung. Umgekehrt waren die studentischen Führer nicht in der Parteischulung tätig, sie waren dazu überhaupt nicht zugelassen.

(11) Während des Krieges war die Freiheit des Studiums auf das schlimmste gefährdet, weil die Wehrmacht die dienstlich zum Studium Kommandierten in sogenannte Mediziner-Kompanien zusammenfaßte und das Studium nach Art des militärischen Drills und Kommißbetriebs durchführen wollte. In dauernden heftigen Auseinandersetzungen gelang es der Reichsstudentenführung zwar nicht, die Mediziner-Kompanien zu beseitigen, aber wenigstens das militärische System erheblich aufzulockern und die Prinzipien eines persönlichen und freien Studiums wieder zur Geltung zu bringen.

(12) Diesen Fällen stehen einzelne Maßnahmen und Eingriffe gegenüber, gegen die die Studentenführung nichts mit Erfolg unternehmen konnte. Diese Akte wurden von der Staatsführung und ihren Organen unmittelbar durchgeführt. Die studentische Führung ist dazu vorher weder gehört worden, noch hat sie diese Akte veranlaßt, noch hat sie bei ihrer Durchführung mitgewirkt.

(13) So ist insbesondere die Auflösung der anderen politischen Studentengruppen zusammen mit der Beseitigung der politischen Parteien durch die Staatsführung selbst erfolgt. Der Ausschluß der Juden vom Studium geschah durch die ministerielle Neuregelung der Zulassung zum Studium ohne studentisches Dazutun. Die Entfernung jüdischer und politisch unbelasteter Professoren wurde von den Hochschulbehörden vorgenommen in Durchführung der neuen beamtenrechtlichen Grundsätze. Die Bücherverbrennungszene vom 10. Mai 1933 in Berlin war eine persönliche Aktion von Dr. Goebbels, die beigezogenen Studenten bildeten lediglich das Publikum. Die Verhaftung und Aburteilung einzelner Studenten während des Krieges (Fall Scholl) erfolgte unmittelbar durch die Gestapo und den Volksgerichtshof ohne jede Mitwirkung des StB und seiner Amtsträger. Der Reichsstudentenführer Dr. Scheel hat sich im Gegenteil für Studenten, soweit es möglich war, diesen Stellen gegenüber eingesetzt. (Im Fall Giesler – München hat er erreicht, daß die Untersuchung der Gestapo gegen die beteiligten Studentinnen eingestellt wurde; für einen Kameradschaftsführer in Münster, der sich gegen den Führer geäußert hatte und ä. m.)

B) Die studentische Führung hat Selbstgewalt nicht geübt

(1) Die studentische Führung fühlte sich stets als Teil der Studentenschaft und sah ihre Hauptaufgaben darin, die Grundsätze des Studententums mit diesem zusammen in Partei und Staat – und notfalls auch gegen sie – zu vertreten. Die studentische Führung war auch im Dritten Reich niemals eine von Staat und Partei über die Studenten gesetzte Herrschaft, sondern genauso wie früher als echte Repräsentanz des Studententums aus diesem hervorgegangen. Deshalb war die studentische

Führung auch niemals eine gewalttätige, sondern beruhte auf den für das geistige Leben typischen Wesenszügen: *Respektierung der anderen Meinung, freie Diskussion mit dem geistigen Gegner und Bemühung um sachliche Überzeugung.*

(2) Aus diesem Grunde hat sich die studentische Führung niemals einem bestimmten geistigen Dogma verschrieben und Zwang und Gewalt als Mittel geistiger Auseinandersetzung abgelehnt.

(3) Bei aller Lebhaftigkeit der Diskussion weltanschaulicher und religiöser Fragen ist niemals ein konfessioneller Streit entstanden. Der StB hat auch nie von seinen Mitgliedern den Austritt aus einer Kirche verlangt. Noch bis zuletzt gab es studentische Führer, die als entschiedene Vertreter des Christentums öffentlich bekannt waren. Hierher gehört auch der Fall des Gaustudentenführers Nielsen aus Kiel, dessen Ablösung wegen seiner engen Verbindung mit der Landeskirche von der Partei wiederholt gefordert, aber von der Reichsstudentenführung abgelehnt wurde.

(4) Die Theologie-Studenten beider Konfessionen bildeten bis zuletzt eigene, den anderen völlig gleichberechtigte theologische Fachschaften innerhalb der Studentenführung. Sie hatten das gleiche Recht studentischer Selbstverwaltung wie alle Fachschaften.

(5) Das Theologen-Verbot wurde im StB nur lax gehandhabt. Trotz dieses Verbotes haben Kameradschaften immer wieder Theologen aufgenommen. In den Altherrenschaften ist dieses Verbot überhaupt unbeachtet geblieben.

(6) Während Reichssicherheitshauptamt und Parteikanzlei das starke Anwachsen der sogenannten Studenten-Seelsorge beider Konfessionen mit großer Beunruhigung feststellten und der Reichsstudentenführung zum Vorwurf machten, hat die Reichsstudentenführung gegen die Entwicklung nichts unternommen, obwohl sie wußte, daß unter dem Namen der Studenten-Seelsorge sehr aktive, gegen den Nationalsozialismus gerichtete Kräfte sich sammelten und daß selbst Mitglieder des StB daran teilnahmen. Maßgebend für dieses Verhalten der studentischen Führung war die Einsicht, daß diese Auseinandersetzungen in religiösen, kulturellen und politischen Grundfragen einem echten Bedürfnis der studentischen Kriegsgeneration entsprachen.

(7) Kennzeichnend für die Toleranz der studentischen Führung gegen die Theologen ist die Tatsache, daß die Reichsstudentenführung noch 1944 den kriegsgefangenen Theologiestudenten die Versorgung mit Fachliteratur in der gleichen Weise wie den Angehörigen anderer Fakultäten ermöglichte.

(8) Die Judenfrage bestand bis 1934 für das Studententum im wesentlichen in der Forderung nach der Zurückdrängung der Überflutung bestimmter akademischer Berufe durch Juden auf ein erträgliches Maß (numerus clausus). Nach den staatlichen Maßnahmen von 1933/34 bestand für das Studententum keine eigentliche Judenfrage mehr. Die Behandlung der Judenfrage beispielsweise im „Stürmer" wurde als Kulturschande empfunden und abgelehnt. Der StB war niemals an Judenaktionen beteiligt.

(9) Die Zugehörigkeit zum StB beruhte auf einer echten Freiwilligkeit. Die Mitgliedschaft brachte keine Vorteile, die Nichtmitgliedschaft und der Austritt ebensowenig Nachteile. Entgegen der allgemeinen Tendenz des Nationalsozialismus, möglichst alles in den NS-Organisationen zu erfassen, war der StB mit der bewußten Behauptung seiner Freiwilligkeit eine Ausnahme.

(10) Im Gegensatz zu dem abschreckenden Wehrsportbetrieb der SA-Hochschulämter hat die studentische Führung immer den ursprünglichen Sportgedanken hochgehalten, wie er von allen Kulturnationen gepflegt wird, und hat die internationalen sportlichen Beziehungen intensiv gefördert (vgl. Weltspiele Wien 1939).

(11) In allen ihren Maßnahmen war die studentische Führung immer geleitet von dem Erziehungsideal der freien und autonomen Persönlichkeit. Gegenüber den Tendenzen, den Menschen zu vermassen oder zu einem blinden Werkzeug der Politik zu machen, sah der StB in der Vertretung des humanistischen Persönlichkeitsgedankens seine spezielle Aufgabe und Mission in unserer Zeit. Dies war so sehr ein Anliegen der studentischen Führung, daß Dr. Scheel 1944 in einer großen öffentlichen Rede zum 25jährigen Bestehen der Deutschen Studentenschaft in Würzburg das studentische *Persönlichkeitsideal* den persönlichkeitsfremden Erscheinungen der Zeit offen gegenüberstellte.

IV. Einstellung und Leistung der studentischen Führung

(1) Die geistige Einstellung des Studentetums und der studentischen Führung hatte ihre Grundlage nicht so sehr im Parteiprogramm und in der parteiamtlichen Literatur selbst; sie versuchte vielmehr den Nationalsozialismus als eine geistige und politische Bewegung zu begreifen, in der alles ernsthafte Ringen der deutschen Vergangenheit und insbesondere der studentischen Kräfte seine Erfüllung in unserer Zeit finden könnte. In diesem Sinne hat Reichsstudentenführer Dr. Scheel den Studenten immer erklärt: „Der Nationalsozialismus ist für uns nichts anderes als die Zusammenfassung der besten Werte in der deutschen Geschichte." Dieser hohen Idee wollten die studentischen Führer dienen, in diesem Glauben haben sie sich eingesetzt.

(2) Insbesondere waren es drei Gedanken, deren Verwirklichung das deutsche Studententum und seine Führung im Nationalsozialismus anstrebten: a) Die Betrachtung aller Probleme des Gemeinschaftslebens unter dem Gesichtspunkte ihrer organischen Verbundenheit im Volke; b) Zusammenschluß des geschlossen siedelnden Deutschtums in Europa; c) die friedliche Lösung der sozialen Frage in unserem Volk.

(3) Das Bestreben, die mannigfaltigen Erscheinungen des Lebens in einer *organischen Sicht* zusammenzufassen, ist schon immer ein besonderes Anliegen deutschen Denkens und des deutschen Studententums gewesen. Nach einer Zeit größter geistiger Zersplitterung und bedrohlicher Auflösung innerer Zusammenhänge des Lebens glaubte die junge studentische Generation im Nationalsozialismus die Anfänge einer neuen geistigen und sozialen Entwicklung erblicken zu dürfen, die die Gesetzlichkeit des geistigen und natürlichen Lebens in einer *harmonischen Einheit* verbinden und, von der Idee des Volkes ausgehend, alle Fragen unserer Zeit beantworten könnte.

(4) Die *Einigung des deutschen Volkes* war seit den Freiheitskriegen das unerreichte Ziel aller Deutschen. Die politische Ordnung Europas nach dem Weltkriege stand unter dem Grundsatz des Selbstbestimmungsrechtes der Völker. Auf dem Boden dieses international anerkannten Grundrechtes erstrebte das Studententum im Nationalsozialismus die Verwirklichung der alten

studentischen Sehnsucht nach dem einigen Reich, zu dessen Vorkämpfern sich die Studenten seit den Jahren 1813 und 1848 gemacht hatten.

Das hatte nichts zu tun mit einem nationalen Chauvinismus oder Imperialismus und war auch kein Streben nach Unterdrückung anderer Völker. Über das eigene Volk hinaus sollte das Leben zwischen den Völkern auf gegenseitiger *Achtung und Gleichberechtigung* beruhen. Die Beschäftigung mit der Wissenschaft lehrt den jungen Studenten immer wieder, in welch hohem Maße die europäische Kultur eine Gemeinschaftsleistung aller Völker ist und wie sehr ihr Fortbestand vom gegenseitigen Verstehen und von der Achtung voreinander abhängt.

(5) *Die soziale Frage* sollte durch Schaffung einer wahrhaften *Volksgemeinschaft* gelöst werden, in der alle Deutschen grundsätzlich gleichberechtigt zusammenleben sollten. Daß der Nationalsozialismus die Erreichung dieses Zieles nicht auf dem Boden des Klassenkampfes versuchte, sondern in einer organischen Verbindung der geschichtlich gewordenen Stände innerhalb des Volkskörpers, hob ihn aus den politischen Kämpfen der Nachkriegszeit heraus und verlieh ihm gerade unter Studenten eine besondere geistige Anziehungskraft.

(6) Diese Gedanken haben vor allem die studentische Führung beseelt und in einer Reihe von *Bemühungen* ihren Niederschlag gefunden, die kennzeichnend sind für die tatsächliche Gesinnung und Einstellung des deutschen Studententums. Diese sollen daher im folgenden kurz umrissen werden.

(7) In der Zeit der großen Arbeitslosigkeit und der zunehmenden Entfremdung zwischen Arbeiterschaft und geistigen Berufen haben mittellose Studenten die Idee des *freiwilligen Arbeitsdienstes* aufgegriffen und in den ersten freiwilligen studentischen Arbeitslagern mit Arbeitslosen zusammen den Anfang zu einer neuen sinnvollen Betätigung gelegt. In den gemeinsamen Arbeiten haben beide Teile das verlorengegangene Bewußtsein ihrer gemeinsamen schicksalhaften Verbundenheit wieder gefunden.

(8) Demselben Streben entsprang nach 1933 die Aktion des freiwilligen Land- und Fabrikdienstes. Während der Ferien haben Studenten und Studentinnen sich freiwillig in die Arbeit auf den Bauernhöfen und in den Fabriken eingereiht,

um die Härte und den Wert der körperlichen Arbeit am eigenen Leib zu erleben und die Arbeits- und Lebensbedingungen des deutschen Bauern- und Arbeitertums aus unmittelbarer Anschauung kennenzulernen. Zugleich sollte die gemeinsame Arbeit das Gefühl gegenseitiger Verbundenheit und Achtung bewirken.
Durch den Fabrikdienst wurde außerdem für Arbeiter und Arbeiterinnen, die in bedrängten Verhältnissen waren, die Möglichkeit gegeben, durch die für sie einspringenden Studenten einen zusätzlichen bezahlten Urlaub zu erhalten.

(9) *Der Reichsberufswettkampf der deutschen Studenten,* der seit 1936 bis zum Kriege als eine eigene studentische Aktion durchgeführt wurde, führte zu einer außerordentlichen Belebung der studentischen Wissenschaftsarbeit. Mit dem RBWK der DAF und der HJ hatte er lediglich den Namen gemeinsam; in seiner Zielsetzung und Durchführung war er völlig selbständig und andersartig.
Der studentische RBWK wollte a) die wissenschaftliche Ausbildung und Tätigkeit der Studenten auf ungelöste wichtige Aufgaben des öffentlichen Lebens hinlenken und dabei b) durch die gemeinsame Arbeit an diesen Aufgaben die auseinanderstrebenden Einzelwissenschaften miteinander verbinden helfen.
So wurden z. B. durch das Rahmenthema „Das deutsche Dorf" studentische Arbeitsgemeinschaften aller Sparten, Landwirte, Techniker, Architekten, Geologen, Chemiker, Mediziner, Juristen, Volkswirte, Erzieher, Historiker, Künstler u. a. m. zur gemeinsamen Untersuchung der Boden-, Wirtschafts-, Siedlungs- und Lebensverhältnisse einer bestimmten Landschaft (z. B. Rhön, Oberschwaben usw.) und zur Erstellung praktischer Aufbaupläne für Verkehrserschließung, Elektrifizierung, Flurbereinigung, Bewässerung, Entwässerung, Kultivierung zusammengeführt. Hand in Hand damit erfolgten industrielle Standarduntersuchungen sowie die Erforschungen der Dorfchroniken und der heimatlichen Sitten und Gebräuche. In vorbildlicher Gemeinschaftsarbeit wurden Pläne und Modelle für Bauernhöfe, Arbeitersiedlungen, Kindergärten, ja ganze Dorf- und Stadtbaupläne gefertigt.
Zu diesem Zweck begaben sich die studentischen Arbeitsgemeinschaften an Ort und Stelle und machten ihre Untersu-

chungen zusammen mit der Bevölkerung und den Bürgermeistern und Landräten. Die Ergebnisse dieser meist während der Ferien gemachten Erhebungen wurden dann im Semester zusammen mit den Professoren in sehr ernsthaften Ausarbeitungen zusammengefaßt. Die fertigen Arbeiten wurden einem Kollegium fachlich bedeutender Experten zur Sichtung und Bewertung vorgelegt. Die Leistungen fanden höchste Anerkennung, und eine Reihe von ihnen wurde später praktisch verwirklicht.

(10) Bei der Lösung der sozialen Frage sah die studentische Führung ihre Hauptaufgabe darin, an der *Schaffung einer wahrhaft sozialistischen deutschen Hochschule* tatkräftig mitzuwirken. Der Zugang zum Studium sollte allen Begabten ohne Rücksicht auf Herkunft und väterlichen Geldbeutel geöffnet werden. Dieses Ziel wurde erstrebt durch großzügigen Ausbau der Studienförderung, durch die Forderung des gebührenfreien Studiums, durch die Eröffnung eines Studienübergangs von der höheren Fachschule zur Hochschule und durch das Langemarck-Studium.

(11) Die *Unterstützungsmittel* des Reichsstudentenwerkes als der wirtschaftlichen Selbsthilfe-Einrichtung der deutschen Studenten konnten durch die unermüdlichen Bemühungen der studentischen Führung schließlich auf 4–5 Millionen Mark gesteigert werden, während früher für die bedürftigen Studenten nur ein geringer Bruchteil dieser Beträge zur Verfügung stand.

(12) Die Forderung nach *Gebührenfreiheit des Studiums* konnte während des Krieges wenigstens für die Frontstudenten und Versehrten teilweise verwirklicht werden.

(13) Schon lange strebten *besonders begabte Kräfte der Höheren Fachschulen* danach, nach Abschluß ihrer Fachschulausbildung sich an den Technischen Hochschulen wissenschaftlich weiter ausbilden zu können, aber erst den zähen Anstrengungen der Reichsstudentenführung ist es gelungen, bei den zuständigen Stellen diese Forderung durchzusetzen. Das bedeutete den ersten wichtigen Einbruch in das Monopol eines Bildungsganges, der ausschließlich auf dem Abitur aufgebaut war.

(14) Seinen sinnfälligsten Ausdruck fand das soziale Wollen des deutschen Studententums und seiner Führung jedoch in der

Schaffung des *Langemarck-Studiums*. Begabte tüchtige Söhne von Arbeitern, Bauern und Handwerkern, die aus Mangel an Geld lediglich die Volksschule besuchen konnten und die sich hernach in ihrem Beruf besonders hervortaten, erhielten durch die revolutionäre studentische Schöpfung die Möglichkeit, *völlig kostenlos* in eigenen Lehrgängen die Reifeprüfung nachzuholen und ihrer Neigung entsprechend zu studieren. Die Einrichtung der Lehrgänge, die Beschaffung der Geldmittel, die Stellung der Lehrkräfte, die Festlegung der Lehrpläne und die Unterrichtsgestaltung entsprangen maßgebend der studentischen Initiative und vereinigten schließlich in gemeinsamer Zusammenarbeit an diesem einzigartigen sozialen Werk weite Kreise aus Hochschule, Unterrichtsverwaltung, Wirtschaft, Partei und Gemeinden.

Das Langemarck-Studium fand nicht zuletzt auf Grund seiner praktischen Erfolge die ungeteilte Billigung der gesamten deutschen Öffentlichkeit und auch der Partei, wenngleich DAF, HJ es am liebsten aus der studentischen Selbstverwaltung herausgenommen und dem Parteiapparat unterstellt hätten. Lediglich der Krieg verhinderte den geplanten großzügigen Ausbau des Langemarck-Studiums. Trotz der Schwierigkeiten waren aber bis 1944 immerhin weit mehr als 1000 junge Arbeiter-Studenten durch seine Lehrgänge gegangen.

(15) Bei dieser Einstellung und Tätigkeit ist es der studentischen Führung im Lauf der Jahre nicht verborgen geblieben, daß zwischen ihren Anschauungen und der Parteipraxis ein erheblicher Unterschied bestand. Die studentische Führung zog jedoch daraus nicht den Schluß, sich der Mitarbeit zu versagen, weil sie damals im Nationalsozialismus noch kein starres, dogmatisch festgelegtes und unveränderliches System sah, sondern eine im lebendigen Fluß befindliche Bewegung, in der die verschiedensten Kräfte und Menschen nebeneinander standen und miteinander rangen.

Bei allen Zusammenkünften der studentischen Führung und in den studentischen Lagern wurde aus dieser Haltung heraus die Partei und ihre Arbeit offen kritisiert und oft scharf abgelehnt. Es herrschte jedoch die Überzeugung, daß eine Opposition im herkömmlichen studentischen Sinn unmöglich und eine Änderung und Besserung der Zustände nur dadurch zu erreichen wäre, daß die junge studentische Generation sich selbst in die Bewegung einschalte und ihre Anschauung von innen her durchsetze.

Nachträglich muß allerdings festgestellt werden, daß die studentische Führung in ihrem Idealismus das wahre Wesen der nationalsozialistischen Herrschaft, ihrer Führer und Methoden nicht erkannt hat. Ganz im Banne ihrer eigenen Ideen hat die studentische Führung die nationalsozialistische Wirklichkeit mit all den heute bekanntgewordenen schrecklichen Tatsachen und Folgen nicht einmal geahnt. *Ohne Kenntnis und ohne Anteil an den Verbrechen* haben sich die studentischen Führer in Krieg und Frieden selbstlos eingesetzt. 9/10 von ihnen sind in der Überzeugung, für eine gute und große Sache zu kämpfen, gefallen. Den Überlebenden aber hat sich erst durch die bitteren Ereignisse und Enthüllungen des Zusammenbruchs das Bild des Nationalsozialismus in seiner ganzen, nie zuvor gekannten verhängnisvollen Wirklichkeit gezeigt.

ABSCHRIFT

Copy

March 13th, 1948

TO WHOM IT MAY CONCERN

I, H. P. Walz, a British national, of 199, New King's Road, London S. W. 6 wish to submit the following evidence on behalf of Dr. Gustav Adolf Scheel:

1) I was Head of the English Department of the Dolmetscher Institut of Heidelberg University till the end of July 1936 and as such lecturing at Heidelberg University on Modern British Affairs. Firmly convinced that the Nazi regime would eventually result in another world war, I made it my task to use my lectures and the considerable influence I had on my students for an active fight against Nazism. Scheel, who at that time was Reichsstudentenführer and a man of great importance in the Nazi movement, knew me personally and was well informed of my attitude.

I was in constant conflict with the Nazi University authorities and the Nazi section of the students and soon deprived of part of my functions. Disturbances took place during lectures. In July 1936 I ventured a specially provocative lecture with the result that serious altercations took place in the lecture room between Nazi and anti-Nazi students. In consequence my chief requested me to resign from my post immediately and as well-meaning Nazi friends informed me that a dossier immediately was prepared against me by the Gestapo, I left Germany immediately for England.

I returned a few months later to take my wife and child with me and to arrange for our final emigration. On the morning of my arrival at Heidelberg I was arrested by two Gestapo agents and my passport taken away from me. I had by then launched a business in England and placed considerable export orders with a number of German firms. I pleaded that my arrest would result not only in the immediate cancellation of these important orders but receive considerable publicity in England as characterising the state of affairs at Heidelberg University, while my wife, in her despair, suggested that she be arrested in my place if only I were allowed to go free.

The Gestapo agents telephoned Headquarters and my wife's suggestion was accepted. I received the promise of the Gestapo that if the orders with the German firms were found to be correct, my wife would be released and allowed to follow me to England within a week.

Actually this promise was not kept and my wife and her baby, though allowed to remain at her flat, were left under the threat of imprisonment at any moment. I appealed to several influential people in Germany and England to secure her release, among them Ribbentrop whom I had known well before he became a Nazi. Nobody dared to intervene.

Eventually I wrote a letter to Scheel. I had a short note acknowledging my letter and promising to help. Within a week or so my wife received her passport from the Gestapo and was allowed to travel to England. My wife arrived at London in a state of complete nervous ruin. No doubt she would have broken down and been permanently affected had Scheel not secured her freedom.

Scheel must have taken an extraordinary risk on our behalf. His letter of acknowledgement had a fictitious rubber stamp on the envelope to conceal the identity of the writer, proof that Scheel would have created serious difficulties for himself had the Gestapo found out that he was corresponding with me in England. On the other hand he received no benefit whatever from his intervention and must have helped out of pure decency. I have no hesitation in ascribing the sanity of my wife and the resumption of a happy family life to Scheel's unselfish assistance.

2) My first knowledge of Scheel was through the Studentenführer of the Handelshochschule Mannheim who, in a conversation with me on conditions at Heidelberg burst out in a complaint of „They are so liberal there. It is impossible. This Scheel is no good".

Though Scheel was well informed of my political views, both his wife and himself made a point of being seen with us in Cafes and in the University, a fact which strengthened my own position and safety considerably considering the power Scheel wielded.

In all his talks with me Scheel repeatedly expressed the view that he disapproved of methods of coercion, that he rather associated with honest political adversaries confident that he would sooner or later convert them to his views by sheer strength of reason. This was certainly the attitude he took up towards me.

I know from personal experience that he shielded a well known Communist, the son of the Editor of a Mannheim Newspaper for this reason.

He asked me on several occasions to join some party organisation for my own sake, once publicly in front of his whole staff and took it good humouredly when I refused the request.

Scheel was well aware that my influence with my students was used deliberately by me to undermine plans of his own student functionaries at the University. I was told that violent discussions about me took place on two occasions between the moderate and the extreme elements of the Studentenschaft and that it was Scheel who every time saw to it that no decisions were taken against me.

I am prepared to give the above Statements on oath and should welcome it to testify on behalf of Scheel in person.

gez.: Heinz Walz

Unterschriftsbeglaubigung
Vorstehende Unterschrift des Herrn Heinz Walz, Universitätslehrer, wohnhaft in Heidelberg, Heimarkt 1, wird als echt öffentlich beglaubigt.

Heidelberg, den 19. Juni 1948
Notariat Heidelberg IV
Justizrat gez. Dr. Klingenberger

als Notar

Siegel

ABSCHRIFT

Eidesstattliche Erklärung:

Ich gebe im nachfolgenden eine eidesstattliche Erklärung für Herrn Dr. Gustav-Adolf Scheel ab. Ich bin mir der Folgen einer falschen eidesstattlichen Erklärung bewußt. Ich bin mit Herrn Dr. Scheel nicht verwandt und nicht verschwägert. Ich war vom Gesetz selbst betroffen und bin unterdessen entnazifiziert.

1. Zur Person:
Mein Name: Dr. Eduard Friedel, geb. am 1. März 1900 in Nürnberg, ev., Volkswirt, Dr. oec. publ., von 1920 bis 1934 Geschäftsführer der Studentenschaft der Universität München und Mitarbeiter im Studentenwerk München, von 1934 bis 1945 Leiter des Studentenwerks München, von Juni 1945 bis 30. Juni 1948 Hilfsarbeiter, seit 1. Juli 1948 Einkaufsleiter der Firma Johann Roth sel. Witwe, graphische Kunstanstalt München, wohnhaft München 22, Widenmayerstr. 27, verheiratet, drei lebende Kinder.

2. Zur Sache:
Ich kenne Herrn Dr. Gustav-Adolf Scheel seit etwa 1932, also rund 15 Jahre. Ich weiß noch die Stunde, als er in München Vorsitzender der Deutschen Studentenschaft wurde. Die Deutsche Studentenschaft war schon 1919 ins Leben gerufen worden und umfaßte alle Studenten aller Hoch- und Fachschulen, sie war immer eine halbstaatliche Einrichtung und keine Einrichtung der Partei. Dr. Gustav-Adolf Scheel wurde durch das Vertrauen aller Studierenden in dieses Amt gewählt und hat seine Geschäfte nach meiner Überzeugung immer überparteilich, tolerant, großzügig und menschlich geführt. Er war immer erst Mensch, Freund, Kamerad, Helfer und dann erst Vorgesetzter.

Dr. Scheel war von jeher bestrebt, Gegensätze zu klären und zu überbrücken und nicht zu verschärfen. Er war weitgehendst zu Entgegenkommen bereit und trug in diesem Zusammenhang gerne große persönliche Verantwortung und war immer mutig (still und zäh), für eine gerechte Sache einzutreten, auch wenn sie anders angeordnet war. Dr. Scheel hat gerade der Partei gegenüber immer und immer wieder menschliche Gesichtspunkte und Werte herausgestellt — wie konnte er auch anders? Eine gute Kinderstube und ein ideales Elternhaus konnten nur einen so ausgeglichenen, so wunderbaren, geraden und sauberen Menschen und Idealisten hervorbringen. Wenn er auch Parteimitglied war und hohe Funktionen in der Partei innehatte, so war er immer der große saubere Mensch und Idealist. Ich könnte gerade hierzu unendlich viele Einzelheiten bringen.

Herr Dr. Scheel wurde später auch Vorsitzender des Reichsstudentenwerks, früher Deutsches Studentenwerk genannt. Auch diese Organisation wurde schon 1919/20 in Dresden als die Zusammenfassung aller örtlichen studentischen Hilfseinrichtungen gegründet, war erst ein eingetragener Verein, von 1937 ab eine öffentl. rechtliche Anstalt.

Nur wer wie ich all die Jahre miterlebt hat, weiß, was Dr. Scheel hier für einen zähen Kampf gegen den Reichsschatzmeister Schwarz des 3. Reiches geführt hat, um dieses große Sozialwerk außerhalb der Partei arbeiten lassen zu können. Dieser Kampf wurde von ihm erfolgreich geführt. Was hat Dr. Scheel allein dadurch für die über 100 000 Studenten und Studentinnen geleistet! Er wußte, daß, wenn das RSW. in die Partei eingegliedert worden wäre, er selbst nur Befehlsempfänger gewesen wäre. Als Vorsitzender einer öff. recht. Anstalt aber konnte er alles für alle tun, und es war unendlich viel, was Dr. Scheel mit seinen Mitarbeitern auf diesem gewaltigen Gebiet sozialer Fürsorge für alle getan hat, ohne viel nach Parteimitgliedschaft zu fragen, ja, seine Anordnungen waren gerade deshalb so merkwürdig, weil sie praktisch nie von einer Bevorzugung von Parteigenossen sprachen, sondern von Studierenden der deutschen Hoch- und Fachschulen. Er sprach immer nur von helfen, wo es nur geht, ohne Unterschied der Person.

Ich kann mich an eine Rede Dr. Scheels erinnern, wo er von seinen Mitarbeitern auf einer Arbeitstagung des RSW verlangte, darauf zu sehen, daß die Studenten etwas können müßten, d. h. er verlangte wissenschaftliche, künstlerische oder fachliche Leistung von den einzelnen. Er lehnte es ausdrücklich ab, einen Pg. nur deshalb zu fördern, weil er Pg. war. Von allen seinen Mitarbeitern verlangte er aber auch immer menschliches und soziales Mitfühlen, Mitleiden mit dem Nächsten. Er konnte keine Mitarbeiter gebrauchen, die nur formal und bürokratisch ihre Aufgabe dieser sozialen Menschenbetreuung erfüllt hätten. Es mußte jeder ein Stück seines

Herzens hergeben, und wir haben es für die soziale Arbeit auch wirklich alle getan. Wer es nicht konnte, mußte ausscheiden, auch wenn er noch so lange Parteigenosse war.

In seiner Arbeit als Vorsitzender des RSW waren (für d. Verf.) Herrn Dr. Scheel allein fachliche und menschliche Gesichtspunkte maßgebend. In dieser großen Organisation mit über 560 Mitarbeitern und Mitarbeiterinnen waren viele Frauen und Männer tätig, die nicht der Partei oder einer ihrer Gliederungen angehörten.

Die Forderung nach dem kostenlosen Hochschulstudium, das die Amerikaner heute verlangen, wurde gerade von Dr. Scheel von Anfang an erhoben, und mit allen Mitteln versuchte er dieses Ziel zu erreichen. Es war gerade von seiner Seite immer betont worden, daß alle Tüchtigen gefördert werden müßten ohne Ansehen der Person und der wirtschaftlichen Verhältnisse. Die gesamte Sozialarbeit des RSW und seiner Dienststellen wurde immer auf die Befürsorgung der Kranken, Tuberkulosen, wirtschaftlich Schwachen, Kriegsversehrten usw. abgestellt, und zwar in einer absolut sauberen Arbeit, die jeder Kritik standhält. Es ist das Verdienst Dr. Scheels, daß er hier vielfache Angriffe von seiten der Parteiführung abzuwehren verstand, die alle darauf hinausliefen, diese von der Partei unabhängige Arbeit an sich zu reißen.

Die Förderung der Soldaten, soweit es sich um Studenten handelte, wurde für alle Soldaten ohne jede politische Überprüfung durchgeführt. Sie war nur abgestuft nach den Dienstjahren, weil man Studenten mit langer Soldatenzeit gegenüber den kurz Dienenden mehr berücksichtigen wollte, um sie in ihrem Studium zu fördern.

Dr. Scheel ist immer für die Gesamtheit der Studierenden eingetreten. Sein oberster Grundsatz und Arbeitsgedanke war: helfen, helfen, helfen.

Er war es auch, der die gesamte Verwaltung und Kassenführung der Deutschen Studentenschaft in das Reichsstudentenwerk einbauen ließ und sie so völlig dem Zugriff des Reichsschatzmeisters entzog, denn gerade hier waren es erhebliche Mittel, die auf diese Weise für alle Studierenden eingesetzt werden konnten, während im anderen Falle wahrscheinlich immer nur Mitglieder der Organisation und der Gliederungen unterstützt worden wären. Gerade hier hat, wie schon wiederholt betont, Dr. Scheel bis zuletzt Widerstand geleistet und bis zum Ende durchgehalten, trotzdem an ihm in dieser Beziehung immer harte Kritik geübt worden war.

Er hat es auch durchgesetzt, daß alle Frontstudenten unter gewissen Voraussetzungen, aber ohne Rücksicht auf ihre politische Einstellung Studienurlaub bekamen.

Für Dr. Gustav-Adolf Scheel gilt das Wort unseres Dichters: „Edel, sei der Mensch, hilfreich und gut!" Er hat sein ganzes Leben danach gelebt.

München, den 5. Juli 1948   gez.: Dr. Eduard Friedel

Abschrift

Dr. Hans Hermann Walz Stuttgart N, den 2. April 1948
Sekretär der Studiengemeinschaft Relenbergstr. 74
der evangelischen Akademie

Betr.: Bescheinigung betreffend Dr. Gustav Adolf Scheel, wohnhaft in Heidelberg.

Ich habe von Dr. Scheel als damaligem Reichsstudentenführer zum ersten Mal gehört, als ich im Jahre 1937 wegen eines Besuches, den ich mit einigen anderen Theologiestudenten zusammen bei Prof. Karl Barth in Basel gemacht hatte, strafweise von der Hochschule entfernt (relegiert) werden sollte. Wie uns damals der Leiter (Ephorus) des Evang.-theologischen Stiftes in Tübingen, dem ich angehörte, mitteilte, hatte sich unter anderen auch Dr. Scheel für uns verwandt, so daß aus der von dem damaligen württ. Kultminister Mergenthaler geforderten Relegation lediglich ein scharfer Verweis geworden ist.

Ich habe Dr. Scheel dann im Jahre 1941 auch persönlich kennengelernt, als ich Mitarbeiter und Abteilungsleiter im Reichsstudentenwerk, Öffentlich-Rechtliche Anstalt, gewesen bin, dessen Vorsitzender Dr. Scheel in seiner Eigenschaft als Reichsstudentenführer gewesen ist. Obwohl Dr. Scheel seiner Stellung und seinen Äußerungen nach zu schließen, ein durch und durch überzeugter Nationalsozialist gewesen ist, so hat er doch bei anderen nicht dieselbe Überzeugung verlangt, sondern den Kreis seiner, jedenfalls entfernteren, Mitarbeiter auf dem Gebiet, das ich zu überblicken vermag, nach fachlichen und nicht nach parteipolitischen Gesichtspunkten ausgewählt. So hat er dem Leiter des Reichsstudentenwerkes größte Freiheit in seiner Personalpolitik gelassen, so daß auch maßgebliche Stellen dort von Männern und Frauen besetzt waren, die weder der NSDAP noch einer ihrer Gliederungen angehörten. Ich selbst wurde zur Mitarbeit berufen, als ich Mitglied keiner Organisation gewesen bin, und in meiner Stellung belassen, auch nachdem die 2jährige Anwartschaft bei der NSDAP, die ich inzwischen angetreten hatte, im Jahre 1943 negativ endete wegen meiner Bindungen an die evangelische bekennende Kirche.

Ich war in der Abteilung Vorstudienausbildung des Reichsstudentenwerkes tätig, zu der auch das sog. Langemarckstudium gehörte. Dieses war ein ausgesprochen sozialistisches Unternehmen, das insbesondere Jungarbeitern und Jungbauern in reiferen Jahren den Zugang zu den Hochschulen eröffnen sollte, der ihnen bisher aus sozialen und finanziellen Gründen verschlossen gewesen war. Dr. Sch. hat sich dieser sozialistischen Idee besonders stark angenommen und die diesbezügliche Arbeit nach Kräften gefördert. Er hat dabei viel getan, um die Sachlichkeit der Arbeit zu garantieren und ihre Verfälschung in ein parteipolitisches Fahrwasser zu vermeiden. So ging wahrscheinlich beispielsweise die Anordnung auf ihn zurück, daß die Angehörigen der Lehrgänge der Vorstudienausbildung im Gegensatz etwa zu den Schülern Höherer Schulen keinerlei „Dienst" in der HJ oder anderen Parteigliederungen machen sollten. Selbst die Einberufung dieser jungen, für die Wissenschaft bestimmten Männer zum Dienst im Volkssturm gegen Ende des Krieges hat Dr. Sch. so lange wie möglich hinausgezögert.

Auch ließ Dr. Scheel den Fachleuten in der Auslese der geeigneten Bewerber für die Stipendien der Vorstudienausbildung volle Freiheit, so daß entgegen den immer wieder erhobenen Forderungen der Partei und ihrer Gliederungen die „Verdienste" auf diesem Gebiet nicht den Ausschlag geben konnten, sondern allein, die Begabung und fachliche Leistung des einzelnen Bewerbers über die Aufnahme entschied. Ich glaube mich daran zu erinnern, daß mehrere scharfe Proteste von hohen Amtsträgern der NSDAP und ihrer Gliederungen in dieser Sache von Dr. Scheel abgewiesen worden sind.

Endlich meine ich mich an einen Fall zu erinnern, in dem der Leiter eines Lehrganges der Vorstudienausbildung den Ausschluß von 2 Studenten aus dem Lehrgang beantragt hatte, weil sie sich zu der bekennenden Kirche hielten. Auf einen entsprechenden Vorschlag des Leiters der Vorstudienausbildung hin hat dann wohl Dr. Scheel diesen Antrag abgelehnt, so daß die beiden Teilnehmer unbehelligt ihr Stipendium weiter erhielten und auf diese Weise ihr Studium fortsetzen konnten.

Es soll damit nicht bestritten werden, daß nat. soz. Gedankengut in der Führung wie in der Teilnehmerschaft der Vorstudienausbildung teilweise eine erhebliche Rolle spielte. Aber die angeführten

Beispiele zeigen, daß es durchaus Sache des einzelnen sowohl in der Leitung wie in der Teilnehmerschaft war, wie er sich persönlich dazu stellen wollte, und daß aus einer negativen persönlichen Entscheidung dem einzelnen keine Nachteile erwuchsen. Dieser Sachverhalt, der von vielen Mitarbeitern des Reichsstudentenwerkes bewußt gestaltet wurde, konnte sich in der damaligen politischen Öffentlichkeit doch nur deshalb halten, weil der an der Spitze stehende, als politisch unangreifbar geltende Dr. Scheel dieses Vorgehen deckte. Dies läßt meines Erachtens darauf schließen, daß Dr. Scheel, mag seine politische und weltanschauliche Überzeugung wie auch immer gewesen sein, doch vor jedem Fanatismus, vor Unsachlichkeit und vor Ungerechtigkeit zurückschreckte. Das war angesichts der Stellung, die er bekleidete, alles andere als eine Selbstverständlichkeit. Vielmehr nehme ich an, daß Dr. Scheel gerade in ethischer und moralischer Hinsicht sich weit von fast allen Amtsträgern des 3. Reiches in seinem Range unterschied.

Ich selbst bin wegen der genannten 2jährigen Anwartschaft von der Spruchkammer Stuttgart als „Mitläufer" eingestuft.

gez. Walz

Zur Beglaubigung
Rechtsanwalt

Abschrift

Dr. Ludwig Hornung
(16)Nauheim b. Gr. Gerau/Hessen.

Eidesstattliche Erklärung.

Obige eidesstattliche Erklärung gebe ich aus eigenem Entschluß und ohne jegliche Bitte ab. Ich habe aus der Tageszeitung erfahren, daß der frühere Reichsstudentenführer Dr. Scheel im Mannheimer Internierungslager tätig ist. Es ist Ehrensache, daß ein „Bettelstudent" nach gelungenem Aufstieg seine arme Herkunft nicht vergißt und gleichzeitig jener gedenkt, die ihm einst die entscheidende Hilfe gewährt haben.

Ich muß dabei mit Fug und Recht behaupten, daß mir der frühere Reichsstudentenführer Dr. Scheel in schwerster Zeit das Studium ermöglicht hat, nachdem bereits alles aussichtslos erschien.

Im Wintersemester 1933/34 begann ich an der Universität Heidelberg mit dem Studium der Zahnheilkunde. Ich wählte einen freien Beruf, weil ich politisch schlecht angeschrieben war und deshalb im Beamtendienst nicht unterkommen konnte. Bis zu den Märzwahlen 1933 hatte ich aktiv gegen Hitler gekämpft, Zeitungsartikel geschrieben, Plakate geschrieben und Flugblätter ausgetragen. Nach dem 5. März 1933 wurde von der Gestapo eine Haussuchung bei mir vorgenommen. Unter diesen Voraussetzungen konnte ich nicht mit der Aufnahme in den Staatsdienst rechnen, entschloß mich also zum freien zahnärztlichen Beruf. Leider hatten die Professoren nicht das nötige Verständnis für arme Teufel. Ich wurde nur zur Hälfte von der Zahlung der Studiengebühren befreit und konnte trotz aller Vorsprachen beim Rektorat nichts anderes erreichen. Meine Verhältnisse waren folgende:

Mein Vater, Zimmermann von Beruf, war im 1. Weltkrieg gefallen, mein Stiefvater ausgesteuerter Taglöhner mit 13 RM Unterstützung pro Woche für eine 5köpfige Familie. Ich mußte also die Aufgabe des Studiums in Erwägung ziehen. Eine letzte Hoffnung sah ich in einem Gesuch an den damaligen Heidelberger Studentenführer Scheel, der dafür bekannt war, ein offenes Gehör für arme Studenten zu haben. Ich schilderte in einem Brief an ihn meine soziale Lage und die abschlägige Haltung der zuständigen Referenten des Rektorats. Innerhalb von 2 Tagen erhielt ich von Scheel eine Karte mit folgendem Wortlaut:

„Ich sehe ein, daß Sie tatsächlich in einer schweren Notlage sind und fühle mich verpflichtet, Ihnen zu helfen. Zunächst muß ich die Möglichkeiten erwägen und bitte Sie, umgehend bei mir vorzusprechen."

Bei der Vorsprache ermutigte mich Scheel zum Weiterstudium und schickte mich zu jenem Professor zurück, der die Ablehnung verfochten hatte. Gleichzeitig ließ er mir einen wenig getragenen Anzug aushändigen. Die Honorarbefreiung wurde kurz darauf verfügt. Damit war einem Arbeitersohn das Studium ermöglicht.

Zusammenfassend muß gesagt werden, daß Scheel Tausenden von „Bettelstudenten" das Studium vermittelt hat. Wenn heute mancher Arbeitersohn als sogenannter Akademiker in hohen Staatsstellungen sitzt und Verständnis für die armen Leute besitzt, dann hat er seinen Aufstieg in vielen Fällen dem früheren Studentenführer Dr. Scheel zu danken, dem es ein Herzensbedürfnis war, die Begabten ohne Unterschied zu fördern und jedem begabtem armen Teufel den Weg zur Universität zu erschließen.

Kein ehemaliger Heidelberger Student kann gegen Dr. Scheel etwas vorbringen. Jeder wird ihn als schlichten Mann mit besonderem sozialem Verständnis schildern. Er hat längst in die Tat umgesetzt, was die Arbeiterparteien, die Gewerkschaften und die Zeitungen heute so oft verlangen:

„Arbeiterjugend soll studieren!"

Ich bin gerne bereit, persönlich bei einer Spruchkammerverhandlung zu erscheinen, um weitere und nähere Angaben zu machen.

Nauheim b. Gr. Gerau, den 1. Okt. 1948
gez. Dr. Ludwig Hornung

Abschrift.

Der Fürsterzbischof von Salzburg

kennt den gewesenen Gauleiter von Salzburg Dr. Gustav Adolf *Scheel* seit Juni 1943, als er als neuernannter Fürsterzbischof von Salzburg bei ihm vorsprach und sein Wohnungsrecht geltend machte. Bei dieser Gelegenheit zeigte sich Herr G. A. Scheel sehr entgegenkommend und verständnisvoll und erklärte mir damals, daß er selbst der Sohn eines protestantischen Pastors sei und daher für religiöse und seelsorgliche Fragen sich immer ein Interesse bewahrt habe. Er bedauere die scharfe Opposition eines Teiles der NSDAP gegen Kirche und Christentum und sprach die Hoffnung aus, daß sich diese Spannung im beiderseitigen Interesse lösen wird. In meiner Wohnungsfrage kam mir der ehemalige Gauleiter sehr entgegen, stellte mir in dem damals enteigneten Stifte St. Peter eine größere Zahl von Wohnräumen zur Verfügung und ließ auf Kosten des Gaues notwendige Adaptierungen durchführen. Zu meiner Inthronisation sandte er einen Vertreter.

Als bei meiner Inthronisation in Salzburg am 10. X. 1943 und später bei meinem Besuch in Hallein die HJ und BDM Gegendemonstrationen veranstalteten, verurteilte er dies mir gegenüber auf das Schärfste und versicherte mir, die nötigen Weisungen hinausgehen zu lassen.

In meinem dienstlichen Verkehr mit dem Gauleiter fand ich für die kirchlichen Interessen nicht nur Verständnis, sondern auch Hilfe. Es gelang, einige die kirchliche Freiheit besonders einschränkende Verfügungen seines Vorgängers zu mildern, so z. B. die Einschränkung der Zeit für die Abhaltung des sonn- und feiertäglichen Gottesdienstes auf dem Lande. Die Abhaltung der Fronleichnamsprozession in Salzburg gestattete er. Geisteskranke blieben auf seine Veranlassung in der psychiatrischen Klinik. Als beim ersten Luftangriff auf Salzburg der Dom schwer beschädigt wurde, versprach Dr. Scheel, für seine Wiederinstandsetzung alles zu unternehmen und auch andere, durch den Angriff beschädigte Gotteshäuser instandsetzen zu lassen. Wenn ersteres nicht geschah, so wohl wegen des Arbeiter- und Materialmangels als auch wegen eines Gutachtens von Fachleuten, die erklärten, daß der Dom keinen Schaden leide, wenn auch nicht sofort Sicherungsarbeiten durchgeführt würden.

Ich hatte ständig den Eindruck, daß der Gauleiter persönlich gerne auch anderen von mir geäußerten Wünschen entgegenkäme, er aber aus Parteidisziplin nicht so handeln konnte, wie er wollte.

Besonderen Dank ist ihm die Stadt Salzburg schuldig für die von ihm getroffenen Schutzmaßnahmen gegen den Luftkrieg, indem er den Stollenbau rasch vorantrieb, durch den wenigstens das Leben mehrerer Zehntausender von Menschen gesichert wurde.

Dank schuldet ihm die Stadt Salzburg aber besonders dafür, daß er gegen den Willen verschiedener Persönlichkeiten durchsetzte, daß die Stadt nicht verteidigt, sondern übergeben wurde.

Im allgemeinen galt Dr. Scheel als einer der besten Gauleiter des ganzen Reiches, jedenfalls war er es in Österreich.

Dr. Scheel hat meines Wissens aus seiner Stellung keine Vorteile gezogen, hat sich keine Villa erworben und auch sonst keinen Reichtum gesammelt. Was er an Zeit erübrigen konnte, widmete er seiner Familie.

Salzburg, am 17. Dezember 1946   gez. Dr. Andr. Rohracher
                                                  Fürsterzbischof
(Bischöfliches Amtssiegel)

Abschrift

Bürgermeister Salzburg, am 22. Mai 1947.
Landeshauptstadt

An Herrn
Rechtsanwalt Dr. Reinhold Möbius
Salzburg
Sigmund Haffnergasse.

Sehr geehrter Herr Rechtsanwalt!
Lieber Freund!

In Beantwortung Deiner Anfrage vom 16. Mai 1947, Dir über meinige (meine d. Verf.) Begegnungen mit Dr. Scheel und sein Verhalten zu berichten, kann ich Dir das eine sagen, daß ich natürlich nicht weiß, ob er wußte, daß ich während der Nazizeit der treue Sozialist und sein ausgesprochener, politisch absoluter Gegner blieb. Jedoch kann ich bestätigen, daß nach durchgeführter Disziplinaruntersuchung, die dem höheren Bezirksrichter und nachmaligen Generaldirektor des Dorotheums in Wien, Herrn Dr. Jennewein, übertragen war, ich beim Jugendamt als Amtsvormund wieder in Stellung aufgenommen wurde und mich Dr. Scheel, als er den Gauleiter Rainer ablöste, anfänglich in dieser Stellung beließ. Über Antrag des Reg. Präs. Dr. Reitter wurde ich dann in die Bauabteilung versetzt, obwohl mir dieses Ressort vollständig fremd war. Meine Bemühungen, wieder zum Jugendamt zurückzukommen, blieben auch unter Dr. Scheel ergebnislos. Freilich weiß ich nicht, ob dies ihm vorgetragen wurde.

Am 22. August 1944 wurde ich dann von der Gestapo verhaftet und am 24. August von der Polizeikaserne Salzburg nach Dachau gebracht.

Mein Sohn, der damals Feldunterarzt war, sprach beim Gauleiter Scheel vor. Er wurde von ihm empfangen, und Dr. Scheel versicherte ihm, daß er sich für meine Freilassung einsetzen werde.

Am 27. Jänner 1945 wurde ich dann aus dem KZ Dachau entlassen und nach einem Monat Urlaub wieder im Hochbauamt verwendet. Ich nehme an, daß Dr. Scheel zumindest dazu beitrug, daß meine Entlassung am 27. 1. 45 erfolgte, um so mehr, nachdem ich erfuhr, daß der damalige Leiter der Staatspolizeistelle in Salzburg, Reg. Rat. Hueber, sich gegen meine Entlassung ausgesprochen hat.

Was die Schaffung von Luftschutzstollen betrifft, so ist richtig, daß Dr. Scheel alles daran setzte, daß die Bergstollen im Mönchsberg, Kapuzinerberg und Nonnberg in Salzburg und dann weitere die Bergstollen in Grödig und Hallein ehebaldigst in Angriff genommen und fertiggestellt wurden.

Mir ist weiterhin aus dem Munde des Herrn Ministerialrats Dipl. Ing. Karl *Franz*, meines Dienstvorgesetzten beim Hochbauamt, der auch nicht Pg. war, bekannt, daß Dr. Scheel trotz Bestrebens einiger prominenter Nazis ihn auf seinem Posten weiter beließ. Herr Min. Rat Franz war zum Unterschied von seinem Bruder, dem damaligen nat. soz. Oberbürgermeister von Klagenfurt, ein Gegner des Nazismus.

Dies sind die Tatsachen, die ich, weil sie der Wahrheit entsprechend, jederzeit vor Gericht wiederholen kann.

Mit den allerbesten Grüßen! Dein ergebener
Ant. Neumayr

Abschrift

Dr. Oskar Zeppezauer
Rechtsanwalt
Salzburg
Müllnerhauptstr. Nr. 2
Tel. Nr. 2 84 53

Eidesstattliche *Erklärung*

Ich, der unterfertigte Dr. Oskar Zeppezauer, geb. am 14. 9. 1882, wohnhaft in Salzburg, Müllnerhauptstraße Nr. 2, erkläre hiermit, nachdem ich über die Bedeutung einer eidesstattlichen Erklärung zur Vorlage vor dem amerikanischen Militärgericht in Nürnberg oder einem anderen Gericht belehrt worden bin, Folgendes an *Eides statt.*

Ich habe bis zum Jahre 1945 in zahlreichen Strafprozessen beim Volksgerichtshof Berlin die Verteidigung geführt.

Es wurde eine erhebliche Anzahl von Todesurteilen gegen meine Klienten gefällt, und habe ich mich in allen diesen Fällen bemüht, die Umwandlung der Todesstrafe in eine Zuchthausstrafe zu erwirken.

In der Strafsache *Junger,* der in Innsbruck zum Tode verurteilt wurde, habe ich um Wiederaufnahme des Verfahrens angesucht, und *kann ich bestätigen, daß der damalige Gauleiter Dr. Scheel dieses Gesuch nach Kräften unterstützt hat,* wie ich von dritter Seite in Erfahrung gebracht habe.

Tatsächlich wurde die Wiederaufnahme bewilligt und Junger nur zu 2 Jahren verurteilt.

Ich habe, da eine persönliche Fühlungnahme mit dem Gauleiter nicht möglich war, in allen Gnadensachen mit dessen Sachbearbeiter Vogl der Gauleitung verhandelt.

Wie mir dieser mitteilte und wie mir auch von anderen Personen bestätigt wurde, war Dr. Scheel mit der erschreckend hohen Zahl von Todesurteilen, die gegen Salzburger gefällt wurden, keineswegs einverstanden.

Ich habe in den Strafsachen Priewasser, derzeit Angestellter bei der Staatspolizei Salzburg, *Unger, Muhr, Hofkirchner,* früherer Vorstand des Wohnungsamtes Salzburg, *Randak* und mehreren anderen, an die ich mich heute nicht mehr erinnere, den Eindruck gewonnen, daß Dr. Scheel mit der Praxis des Volksgerichtshofes und der damit verbundenen zahlreichen Todesurteile in Salzburg nicht einverstanden war. *Sämtliche oben Angeführten wurden begnadigt.*

Ich habe auch gehört, daß sich derselbe den Vorsitzenden des Senates 7, Hartmann, anläßlich der ersten Verhandlungen in Salzburg kommen ließ, um ihm mitzuteilen, daß er mit den zahlreichen Todesurteilen nicht einverstanden sei.

Mein persönlicher Eindruck von Dr. Scheel war, daß derselbe schon als Sohn glaublich einer Pastorenfamilie über menschliche Gefühle verfügte, die sonst in den höheren Stellen der Partei nicht üblich waren.

Sicher ist, daß er sich in der Art seiner Amtsführung von einzelnen anderen österreichischen Gauleitern wesentlich unterschieden hat.

gez. Dr. Zeppezauer

Neutatz, Adolf,
geb. 23. 12. 1907
Seekirchen, Waldprechting 59
Salzburg

Erklärung

Ich war seinerzeit, Ende Oktober 1944–Mai 1945, als Gaustabsführer des Volkssturms Salzburg tätig und kann daher über Befehle und Anordnungen des Herrn Dr. Gustav Adolf *Scheel,* ehemals Gauleiter – Salzburg, folgendes aussagen und erklären:

a) Entgegen den Befehlen, Städte usw. bis zum letzten zu verteidigen, ordnete Dr. Scheel an, daß die Stadt Salzburg nicht in den Verteidigungszustand zu versetzen sei und daher die Durchführung von solchen Anlagen in der Stadt zu unterbleiben hat.

b) Dr. Scheel verhinderte eine Sprengung der lebenswichtigen Betriebe sowie der Brücken. Dies bedurfte seines ganzen Einsatzes gegenüber den Weisungen des Militärbefehlshabers.

c) Ich war Ohrenzeuge, wie gemeldet wurde, daß einzelne Bauern die im Gelände aufgesteckten Markierungszeichen der geplanten Verteidigungsanlagen entfernt hätten. Dr. Scheel lehnte eine Verfolgung bzw. Bestrafung dieser Bauern ab und verhinderte dies.

d) Dr. Scheel widersetzte sich dem Befehl, ein Salzburger Volkssturmbataillon an die Ostfront abzugeben, wie es in anderen Gauen durchgeführt wurde. Er hat dadurch tausendfaches zusätzliches Leid verhütet, da die eingesetzten Bataillone schwerste Verluste erlitten.

e) Als die Front näherrückte und die Wehrmacht den Volkssturm sich unterstellte und als Truppe verwendet werden sollte, ordnete Dr. Scheel die sofortige Zurückziehung der Volkssturmmänner an und verfügte die Umwandlung des Volkssturmes in die Stadt- und Landwacht zur Unterstützung der Polizei und zum Schutze gegen Plünderungen.

f) Die Jahrgänge 1922–1929, der Jugend-Volkssturm, sollten durch die Wehrmacht auf einem Truppenübungsplatz zusammengezogen werden. Der Befehl hierzu wurde mir durch den ehemaligen Wehrkreis übermittelt. Dr. Scheel, dem ich dies sofort berichtete, lehnte eine Befolgung dieses Befehls ab; ich war Ohrenzeuge seines Telefongesprächs mit dem Wehrkreis, in dem er die Einberufung dieses Jahrganges verweigerte.

g) Bei Besprechung einer etwaigen Verteidigung des Landes Salzburg gab Dr. Scheel dahingehend seine Befehle, daß höchstens eine Verteidigung gegen Osten bzw. Südosten, aber nie gegen den Westen geplant werden sollte.

h) Obwohl ich dazu nicht aufgefordert wurde, ist es mir als ehemaligem Mitarbeiter Dr. Scheels eine Mannespflicht, zu erklären, daß die persönliche Lebenshaltung und Führung untadelig, sauber und einwandfrei war.

Die obigen Erklärungen bekräftige ich an Eides statt durch meine Unterschrift.

(Adolf Neutatz)

Bin ich schuldig?

1. Stets legal, nie angezeigt, nie vor Gericht. Keine Verhaftung veranlaßt, keine Entlassung, nicht eine einzige Entfernung eines Studenten von mir angeregt.
2. Habe durch Begnadigungen vielen das Leben gerettet. Ein einziges Mal von Mißhandlungen gehört und scharf eingeschritten.
3. War immer anständig zu den Gegnern.
4. Mein Lebensziel war helfen, helfen, helfen.
5. Ich kann nicht hassen. – War stets für Kritik.
6. Fühle mich gestraft genug, erleide ein Schicksal, das ich nie einem anderen zufügte.
7. Nicht SS-hörig.
8. 1933 Opposition zur Mitführung herangezogen.
9. Darf man als Student, als Jugendlicher nicht irren?
10. Bei mir hat kein einziger Mensch interveniert wegen Judenverfolgung.
11. Hätte ich etwas zu sagen gehabt, hätte es keine KZ, Judenverfolgung oder Krieg gegeben.
12. Nie hat man mir den Vorwurf der Unwahrhaftigkeit gemacht oder der Unanständigkeit.
13. Ich hatte Macht, aber ich habe sie nicht mißbraucht.
14. Wollte helfen, nicht herrschen.
15. Habe bei Bormann gegen Judensache (?), Himmler, Ley, Ribbentrop protestiert.
16. Hatte nicht Innitzer seine Loyalität zugesichert?
17. Menschliche Wärme, Hilfsbereitschaft, Nächstenliebe waren doch gerade die Grundlagen meines Lebens.
18. Kein Rassefanatiker. Sprach nicht davon, daß am deutschen Wesen die Welt genesen soll.
19. Kein Judenvermögen erworben.
20. Ich habe kein Amt erstrebt.
21. KZler besuchten mich und sagten, daß von etwa 3000 Anzeigen keine gegen mich dabei gewesen sei.
22. Bis zur letzten Minute nie ein unanständiges Wort erlebt.
23. Ich habe von den Nicht-Pg. oft mehr Unterstützung erhalten als von den Pg.
24. Noch nie hat mir jemand den Idealismus abgestritten.

25. Ich sah Erfolge: Beseitigung der Arbeitslosigkeit, Aufhören der Krawalle, besseres Leben der Arbeiter, Handwerker, Geschäftsleute, Wohnungen, Straßen, Brücken, Bäder, NSV, Erholungsheime, Krankenhäuser, Sportplätze, Jugendschutz etc.
26. Selbst die amerik. Studenten waren 1933 begeistert.
27. Nicht um das Verbrechen zu unterstützen, sondern um es zu überwinden, bin ich der NSDAP beigetreten.
28. Man spricht, wenn man über NS spricht, von: Morden, Vergewaltigungen, Beraubungen, Plünderei, Verschwörungen, Fanatikertum, Unmoral, Terror, Bonzentum, Unduldsamkeit, das alles trifft für mich nicht zu.
29. Ist es nicht wesentlich, durch mein Verdienst, daß heute die Studenten nicht angeklagt sind?
30. Ich kann es nicht bedauern, vielen Menschen geholfen zu haben.
31. Ich war allenfalls ein Fanatiker der Humanität.
32. Fürsterzbischof sagte: Scheel hat das Beste für Salzburg gewollt.
33. Habe mich stets gegen das Recht der Stapo, ohne Haftbefehl zu verhaften, gewendet.
34. Eintritt in die Partei: Soziale Not, Arbeitslosigkeit, Selbstmorde, Hunger, sittliche Verwahrlosung, Bauernnot, Handwerkerelend, geschäftliche Zusammenbrüche, Korruption, Gefahr des blutigen Bürgerkrieges, Klassenkampf, Bankkräche, Akademikerelend, Versagen der Parteien, Untergang des Abendlandes.
Verbindung von Sozialismus und Heimatliebe.
National war bei mir nicht gleich nationalistisch, rektionär chauvinistisch. Verbind. Sozialism. u. Persönlichkeit. Für Arbeit, Einigkeit, Fortschritt, Ehrlichkeit, Gesundheit.
35. Gründe für Eintritt SS: Sauberkeit, Tradition, Sitte, Persönlichkeit, Verständnis für Wissenschaft. Gegen Vermassung, Marschieren, Bierabende u. Kommiß. (Erlebnis SA − Fest Heidelberg). Gröber war Mitglied.
36. Hatte mit Gegnern stets ein gutes Verhältnis. Nie ein Mißtrauensantrag.
37. Ich fühlte mich stets in erster Linie als Vertreter der Armen, Bedrängten, Begabten. Die Reichen sorgen für sich selber.
38. „Es gehören viel mehr aufgehängt", sagte der Minister Horlacher von Bayern.
So habe ich nie gesprochen.

39. Mein Ziel: Einige Kirche, näher zu Gott.
40. Wenn heute die verantwortlichen Männer die Auflagen der amerikan. Besatzung befolgen, so habe ich dafür Verständnis, aber wie kann man mir einen Vorwurf daraus machen, daß ich Verordnungen der eigenen Regierung befolgte?
41. Wegen Beleidigung meiner Person oder Angriffs auf meine Person ist nie ein Mensch belangt worden.
42. Ich bedaure heute, daß ich in dem Glauben, ich sei zu jung u. unerfahren, meine Meinung den hohen Führern gegenüber nicht schärfer zum Ausdruck gebracht habe.
43. Heute sieht es so aus, als seien die Menschen in die Partei gezwungen worden, für mich war das Bild stets umgekehrt; ich wußte nicht, wohin mit den Anträgen.
44. Für mich war alles noch im Fluß, u. nur wenig generelle Entscheidungen waren gefallen: Kinder, Ehe, Sozialismus.
45. Ich habe Härten und Willkür stets abgelehnt, so vor allem die KZs u. Ausweisung der Juden, aber gibt es in Amerika nicht auch Bestimmungen, die viele ablehnen? (Rassenfrage)
46. Wenn ich einmal illegal war, dann zum Nutzen der Bevölkerung: Stollen, Nichtverteidigung, totaler Krieg, Juden behalten, desgl. Geisteskranke, Brücken erhalten, Todesurteile aufgehoben.
47. Die kathol. Pfarrer waren stets in meinen Versammlungen.
48. Ich nahm die Regierung u. die Gesetze als etwas Gegebenes.
49. Wenn Deutschland heute hauptsächlich belastet ist durch die Vernichtung der Juden, dann kann ich ruhig sagen, daß ich damit nichts zu tun hatte.
50. Diejenigen, die Greuel verübten, Menschen quälten, sich bereicherten, haben furchtbar an der deutschen Jugend gehandelt.
51. Wer hat denn nicht den Eid auf Hitler geleistet? Z. B. alle Beamten, alle Soldaten.
52. Durch mich ist nie ein Mensch ins KZ oder Gefängnis gekommen.
53. Ich stand auf dem linken Flügel der NSDAP, d. h. ich trat nicht ein für Adel, Kapital, Großagrarier, völkische Ideologien, Militarismus, sondern für Hebung des Arbeiter- u. Bauernstandes, für Volkswohlfahrt.
54. Ich lasse mich lieber für das Einhalten eines Eides als für einen Eidesbruch bestrafen. Vor dieser Wahl stehe ich.

55. Ich hatte keine Kenntnis ungesetzlicher Ziele, kein Bewußtsein der Rechtswidrigkeit.
56. Ich befand mich auch in der SS in offenem Gegensatz zu allen Gewaltmaßnahmen.
57. Ich hatte mit niemandem persönlichen Verkehr angeknüpft, der mir materielle Vorteile geboten hätte.
Ich war auch nicht im Hause eines Parteiführers.
58. Ich konnte nicht anders als für meine Mitmenschen eintreten, das war mir eingeimpft.
59. Ich suchte als Mitarbeiter keine Knechte, sondern freie Männer.
60. Die Amerikaner u. die Entnazifizierungsbehörden zeigen eine Härte, zu der ich nicht im entferntesten in der Lage wäre.
61. Das Glück, für die Mitmenschen im Rahmen der Gegebenheiten getan zu haben, was möglich war, kann mir niemand nehmen.
62. Ich bin froh, niemand diesen seelischen und körperlichen Qualen ausgesetzt zu haben, die ich seit 3 Jahren mitmachen muß. Ich habe mir oft genug den Tod gewünscht.
63. Ich wollte glückliche Menschen, bessere Lebensbedingungen.
64. Die Jugend hätte sich doch nie für ein von ihr als Terrorsystem erkanntes Regime so tapfer eingesetzt, wie sie es in diesem Krieg getan hat.
65. Ich habe meine Angehörigen nicht veranlaßt, der NSDAP beizutreten.
66. Ich unterstützte nicht das System der Gewalt, sondern der sozialen Neuordnung, der Nächstenliebe.
67. Ich lehnte das Vorgehen gegen die Juden ab, 1. aus menschlichen Gründen, 2. weil ich darin eine Schädigung des deutschen Ansehens erblickte.
68. Ich hätte eher damit gerechnet, wegen falscher Milde einmal belangt zu werden. Das Gegenteil davon, das ich heute erlebe, wäre mir wahnsinnig vorgekommen.
69. Ich habe nie einen Angriff gegen meine Person erlebt (außer dem, ich sei zu weich).
70. Die Identifizierung jedes ehem. führenden Mannes mit Judenverfolgung ist nicht richtig und schafft neues Unrecht.
71. Ich habe nie an einer Führerbesprechung teilgenommen.
72. Man kann mir politische Fehler u. Irrtümer vorhalten, niemals aber, daß ich unehrenhaft, unsittlich, unanständig oder asozial gehandelt hätte.

73. Ich stand in der amerik. Gefangenschaft dauernd vor Ereignissen, die ich nicht für möglich gehalten hätte.
74. Ich hatte keine autoritären Neigungen.
75. Ich bin erzogen zur Gefolgschaft gegenüber der Obrigkeit, zu Anstand und Güte gegenüber den Mitmenschen. Für das, was man gesetzl. Landesverrat oder Hochverrat nennt, hatte ich deshalb kein Verständnis.
76. Es sind rückwirkende Gesetze, nach denen ich bestraft werde.
77. Die NSDAP war für mich ein Konglomerat sozialistischer, nationaler, liberaler, demokratischer bis zu kommunistischen Gedankengängen.
78. Es hat mir nie gelegen, mich in Dinge hereinzumischen, für die ich nicht zuständig war.
79. In die verbrecherischen Organisationen bin ich nicht von mir aus eingetreten, sondern berufen worden.
80. Schlußwort: P. 176.
81. Ich übernahm kein Amt aus eigener Initiative.
82. Ich war stets entsetzt darüber, was über meine Reden in der Presse stand (Paulus–Saulus, Eisenhower: Ich hasse alle NS).
83. Kein Arbeiter, Angestellter, Beamter mußte auf meine Veranlassung seinen Beruf aufgeben, kein Student oder Professor die Hochschule verlassen.
84. Ich fühle mich mit Vergehen belastet, die von mir keineswegs begangen wurden, sie wurden ohne mich, ja, absolut gegen meine Auffassung u. gegen mein Verhalten durchgeführt.
85. Es war nie meine Art, mich in fremde Zuständigkeiten einzumischen.
86. Ich übernahm kein Amt aus eigener Initiative.
89. Ich lebte in einer völlig anderen Welt, als sie hier in der Anklage dargestellt wird.
90. Mit meinem Willen wurde niemand ins Unglück gestürzt. Mein Lebensziel helfen, ich habe es gehalten, oft unter allerschwersten Umständen, u. soll nun wegen der Vernichtung von Menschen angeklagt werden.
91. Heutige Stellen kommen mir als sehr viel unduldsamer vor, als ich es gewesen bin.
92. „Macht bedeutet Korruption." Bei mir nicht.
93. Ich lasse mich lieber für das Einhalten eines Eides als für den Bruch eines vor Gott gegebenen Eides bestrafen.

94. Ich war zu autoritätsgläubig.
95. Mein Schicksal war, daß ich dort, wo ich war, stets gewählt wurde.
96. Ich habe meine Anerkennung nicht durch Propaganda, sondern durch meine Fürsorge erhalten.
97. Propaganda siehe 205.
98. Meine Vorstellung: Ich wollte Glück des Volkes. Ich war streng gegen mich und mild gegen die Schwächen der anderen und großmütig zu den Unterlegenen. Ein Freund der Arbeit, Menschenliebe. Rechtschaffenheit, Gottesfurcht. Arme und Leidende ließ ich nie ohne Hilfe.
99. Ich war mir vieler Schwächen des Systems bewußt, so wie heute jeder Demokrat feststellen muß, daß wir in keiner echten, vollkommenen Demokratie leben.
100. Man hat doch bewußt die Methoden der KZ und die Judentötung vor uns geheim gehalten, weil man wußte, daß die meisten Deutschen diese Maßnahme scharf ablehnen würden.
101. Nicht der Staat stand für mich im Vordergrund, sondern das Volk, die Gemeinschaft, d. h. die Summe der Individuen.
102. Autoritäre Staatsform konnte nur ein Übergang sein.
103. Wenn ich Vertrauen erwarb, dann beruhte dies am wenigsten auf meiner Zugehörigkeit zur Partei, sondern auf der anerkannten Hilfe, die ich für die Menschen leistete.
104. Staatliche Betätigung ganz weit im Vordergrund. Beispiel: Langemarckstudium, A. H., Studentenwerk, Nachwuchsamt. Habe Eingriffe der Partei in Schulwesen, Landwirtschaft, Familienleben etc. abgelehnt.
105. Durch Erfahrung u. Älterwerden habe ich in manchem meine Auffassung geändert.
106. Der NS hatte m. Erachtens die Macht errungen. Die Gegensätze mußten innerhalb der NSDAP ausgetragen werden. Hier war ich durchaus Opposition (Kirchenpolitik, mangelnde geistige Freiheit, zu hohe Strafen, Bonzentum, Bilderstürmer, Unduldsamkeit).
107. Meine Arbeit fand ja gerade häufig die Zustimmung der Nicht-Nationalsozialisten.
108. Wollte Brücken bauen: Stadt–Land, Arbeiter–Akademiker, Wissenschaft–Praxis–Öffentlichkeit.
109. Kein privates Verhältnis zu Parteiführern.

110. Habe keinen Rassenkult getrieben.
111. Als ich jung war, lebte ich in der Großstadt. Was ich sah, war Klassenhaß, Arbeitslosigkeit, schreckliche Not, Hunger, Elendswohnungen, Krankheit, Selbstmorde, Geschäftszusammenbrüche, Bankkräche, Unmoral, Ohnmacht allen Problemen gegenüber, Hoffnungslosigkeit, Niedergeschlagenheit, müde Parteien, Wohlleben einzelner.
112. Stauffenberg, Olbricht, Stieff, Popitz hielten mit mir Verbindung.
113. Verhältnis Bormann 243.
114. Ich lebte ganz im Helfen, im Aufbau. Da sieht die Welt ganz anders aus als für den Menschen, der nur das Negative sieht.
115. Die Tatsache, daß ich mein Amt als Gauleiter und Reichsstudentenführer nie mit Polizeimitteln geführt habe, beweist, daß ich auch nie ein Polizeimann gewesen bin.
116. Mir waren bei Übernahme des Gauleiteramtes nur Mängel, aber keine Verbrechen bekannt.
117. Reue ist leicht für einen, der andere gequält hat, sich bereicherte. Sie ist schwer für einen, der sich bemühte, anständig zu leben, der auf Grund seines Amtes auf viele Freuden verzichtete, die für jeden anderen selbstverständlich waren.
118. Ich beneidete jeden Arbeiter um seine Freiheit.
119. Die feindlichen Sender sprachen nur von Kapitulation auf Gnade und Ungnade.
120. Ich hatte nie die Absicht, etwas Großes zu werden, sondern nur den Willen, meine Pflicht zu tun.
121. Man sieht im NS die Verkörperung der Brutalität, des Rassenwahns, der Unduldsamkeit, der Unmoral, der Verachtung des Christentums, der Zerstörung der Familie, der persönlichen Bereicherung, der Unterdrückung der Geistesfreiheit, des Hasses, der Rache, der Willkür. Ich kann nur sagen, daß ich auch nach genauer Prüfung feststellen muß, daß ich diese Eigenschaften nicht besitze.
122. Wäre mir die Not der Menschen gleichgültig gewesen, hätte ich die Mitmenschen verachtet, hätte ich nur an mich gedacht, stände ich heute nicht hier.
123. Ich war nie gegen den Bürger, sondern gegen den Spießer, den Bourgeois.
124. Als schlimmste Eigenschaft des modernen Menschen erschien mir die Entwurzelung.

125. Ich habe weder Herrn Hitler noch Himmler, Ley oder Goebbels Bütteldienste geleistet.
126. Das Streben nach Wiedererlangung verlorener Gebiete war Gemeingut fast aller Deutschen (Brüning, Stresemann).
127. Keine Schuld durch Duldung. Ich bin gegen alles angegangen, was mir unrecht oder ungerecht oder zu hart erschien.
128. Ich wollte kein Nationalist sein, sondern ein guter Deutscher. Ich liebte meine Heimat, mein Vaterland.
129. So wie bei den Demokraten verschiedene Auffassung über Demokratie, bei den Christen über Christentum bestanden, so verschieden waren auch die Ansichten unter den Nationalsozialisten über den Nationalsozialismus.
130. Ich war weder radikal noch servil.
131. Ich erstrebte einen Sozialismus, der auch Rechte des Individuums zu wahren wußte.
132. Ich habe Übergriffe u. Mißgriffe gesehen, aber ich sah darin keinen Ausdruck des Systems, sondern Entgleisungen, Exzesse.
133. Ich war nur 3 Jahre Gauleiter. Der Gau war halb so groß wie der Gau Stuttgart.
134. Ich habe bis 1942 in keiner Parteiveranstaltung gesprochen, dann nur in Salzburg.
135. An was soll ich Hauptschuldiger sein? In welchem Punkt hat Sch. Verbrechen unterstützt? Ist er nicht jederzeit Härten und Urteilen mit ganzer Kraft entgegengetreten?
136. Schuldfrage: Ich bin erschüttert über Judenfrage, Gewaltpolitik. Die deutsche Jugend, auch ich habe das nicht gewollt. Ich lebte in einer völlig anderen Welt. Die Behandlung der Juden war nicht nur menschenunwürdig, sondern auch ein schweres Vergehen gegen diejenigen, die den NS aus Liebe zur Heimat u. den Mitmenschen folgten, ein schweres Vergehen gegen die deutsche Jugend.
137. Wurde von der höchsten Anklagebehörde freigelassen.
138. Keine Presseangriffe. Sämtliche Mitarbeiter frei. Fast alle Mitläufer.
139. Die ehemaligen Verfolgten müßten heute meine besten Verteidiger sein.
140. Habe nie reiche Freunde gesucht oder angenommen.
141. Jeder Bäckermeister in Salzburg war reicher als ich.
142. Habe keine Zeugnisse gesammelt.
143. War nie ein Freund der völkischen Ideologie.

144. Ich habe den Äußerungen, die in mein Konzept paßten, eine zu große Bedeutung beigemessen.
145. Der Anschluß der deutschen Jugend an die NSDAP war nicht etwa eine Begeisterung für Radikalismus, Chauvinismus oder Militarismus, sondern die Sehnsucht nach Einheit aller Deutschen u. Überwindung der Not.
146. Keine Klage im Lager. Stets Arbeitsdienst vom Hilfsarbeiter, Hilfsschlosser, Sanitäter u. Arzt.
147. Ich war weder an einem Judeninstitut (nicht leserlich) oder einer ähnlichen Einrichtung beteiligt.
148. Wurde in keinem Buch, keiner Hochschulzeitung angegriffen, auch nicht in Salzburg.
149. Die Gegner, die ich holte, haben sich viel kritikloser geäußert als ich.
150. Ich glaube nicht, daß es im Sinne der Erhaltung der Kräfte in den Gauen eine Parallele zu Salzburg gibt.
151. An was soll ich hauptschuldig sein?

Schlußwort

1. Wie kam ich zur Partei?
2. Helfen, helfen, helfen.
3. Ich hatte keine Zeit für mich.
4. Einfaches Leben.
5. Daß ich einmal ins Gefängnis käme, unvorstellbar.
6. Student u. Widerstand auch als Gauleiter.
7. Großdeutschland: student. Tradition.
8. Für Freiheit der Hochschule.
9. Als Gauleiter den Dank aller erhalten.
10. Kommunisten.
11. Schlußdrama.
12. Familienverhältnisse.
13. Geben Sie den Jungen den Weg frei!
14. Keine Unanständigkeit u. Unsauberkeit.
15. Habe als Staatsbürger meine Pflicht tun wollen.
16. Ist es nicht wesentlich mir zu danken, daß der NSDStB in Nürnberg nicht auf der Anklagebank saß?

17. Meine Organisation nirgends beteiligt (KZ, Kriegsverbrechen etc.).
18. Schwierigkeiten siehe Hundhammer.
19. Ich fühlte mich als Opposition.
20. Ich habe nie zu Unduldsamkeit, Rache, Haß, Rassenwahn oder Krieg angehalten.
21. Verweis Hitlers Elsaß. Verweis Hitlers Kommunisten. Habe Mut gezeigt. Stauffenberg.
22. Nie Primat der Partei verkündet.
23. Hätte ich das Akademikertum aufgegeben u. resigniert oder in Salzburg nicht mehr mitgemacht, dann wäre ich heute sehr viel besser dran, wäre „Verfolgter".
24. Ich bin für die Studenten mit Begeisterung u. nicht ohne Erfolg angetreten. Sehr vielen kam dies zugute.
25. Nicht Masse, sondern Summe der Einzelindividuen.
26. Man wirft der Vergangenheit vor, sie sei nicht human gewesen. Ich kann auch bei genauer Untersuchung bei mir feststellen, daß ich human gewesen bin.
27. Propaganda.
28. Nie außerhalb meines Bereiches gesprochen.
29. Auch keine Parteiversammlung abgehalten außer in Salzburg.

Allgemeines zu schuldig?

1. Ich habe in der Gefangenschaft die ersten gefesselten Menschen gesehen.
2. Ich habe so gelebt, daß ich nie mit der Einlieferung in ein Gefängnis rechnen konnte, geschweige denn mit völliger Enteignung, Vertreibung, Abschluß von der Familie, Entzug bürgerlicher Ehrenrechte usw. usw.
3. Ich wollte nur meinen Mitmenschen helfen. Zu keinem Amt gedrängt.
4. Jetzige Zusammensetzung der Salzb. Regierung (2 Mitglieder der Regierung*).
5. Jugendverderber: Sauberkeit, Fleiß, Ritterlichkeit, Familiensinn, Achtung vor den Mitmenschen. Anständige Moral, Heimatliebe, Kameradschaft, gegen Faulheit, Unduldsamkeit, Einbildung, Schmarotzertum.

6. Ablehnung Gehaltsvorschuß u. Zuschuß. Reichsschatzmeister. Vermögensüberprüfung: Amerikaner hielten mich für nicht normal.
7. Ich habe nach den Anständigen u. Tüchtigen gesucht in allen Lagern u. sie berufen.
8. Was ich in den 2½ Jahren meiner eigenen Gefangenschaft erlebte, ging weit über meine Vorstellung, wie man Menschen überhaupt behandeln kann, hinaus.
9. Heute ist man darauf bedacht, wie man Menschen einschulen (?) kann. Mein Bestreben war es, allen ehem. Gegner die Möglichkeit zur Mitarbeit am Gemeinwesen zu geben.
10. Ich war in jeder Weise gegen die *Entwurzelung*. Sitte, Familie, Volkstum, Natur. Tradition. Gegen Proletariat, Barleben, Kaffeehaustypen, Modegeschehen, Salonliteraten. Wiederherstellung der Landschaft, gesundes Wohnen, Sport. Es ging mir dabei nicht nur um die Erhaltung, sondern um den Fortschritt. Landschaftsgest.
11. Man kann doch von mir nicht verlangen, daß ich heute mich zum Gegenteil von dem bekenne und behaupte, was ich früher vertreten habe. Die Beschlüsse der Stud., die ich las, sind fast genau dasselbe, was ich auch vertreten habe.
12. Ich habe das erste Mal ein Gefängnis gesehen, als ich dort eingeliefert wurde.
13. Ich sah im NS, überhaupt nichts anderes als die Zusammenfassung deutscher Eigenschaften.
14. Ich habe meine Auffassung in manchem geändert.
15. Studenten heute verlangen genau dasselbe. Soll ich deshalb, weil ich dasselbe forderte, verbrecherisch gehandelt haben?
16. Ich wollte keine Revolution im Sinne eines Umsturzes, sondern eine Reform unter Anerkennung guter Traditionen.
17. Mit dem, was man heute unter NS versteht, habe ich so gut wie nichts zu tun.

---

* Wurden von ihm aus dem KZ geholt. E. S.

Abschrift

St E 13/54

Beschluß

In der Strafsache
gegen

den Arzt Dr. Gustav Adolf *Scheel* aus Hamburg, geboren am 22. November 1907 in Rosenberg/Baden,

wegen Verbrechens und Vergehens nach §§ 90a, 128, 94 StGB

hat der 6. Strafsenat des Bundesgerichtshofs nach Anhörung des Oberbundesanwalts in der Sitzung vom 3. Dezember 1954 beschlossen:

Der Angeschuldigte Dr. Gustav Adolf *Scheel* kann für erlittene Untersuchungshaft Entschädigung aus der Staatskasse verlangen, weil das Verfahren dargetan hat, daß gegen ihn kein begründeter Verdacht vorliegt.

Dr. Geier   Dr. Sauer   Heimann-Trosien

    Willms   Weber

Ausgefertigt:
gez. Unterschrift
Justizobersekretär
als Urkundsbeamter der Geschäftsstelle
des Bundesgerichtshofs

An Dr. Gustav Adolf Scheel
Hamburg
An der Alster 25

EIDGENÖSSISCHES JUSTIZ- UND POLIZEIDEPARTEMENT
DÉPARTEMENT FÉDÉRAL DE JUSTICE ET POLICE
DIPARTIMENTO FEDERALE DI GIUSTIZIA E POLIZIA

Rek. 6785 KW.   Bern, den 25. November 1954

DAS EIDGENÖSSISCHE JUSTIZ- UND POLIZEI-
DEPARTEMENT
hat

auf den vom deutschen Staatsangehörigen Dr. med. Gustav *Scheel*, geb. 22. November 1907, durch Vermittlung der Schweizerischen Gesandtschaft in Köln am 21. August 1953 eingereichten Rekurs gegen die Einreisesperre der Schweizerischen Bundesanwaltschaft vom 7. Mai 1953

in tatsächlicher Beziehung festgestellt:

1. Dr. Gustav Scheel trat am 1. Oktober 1930 der NSDAP bei. Er war Träger des goldenen Parteiabzeichens. Seit 1930 betätigte er sich äußerst aktiv in der nationalsozialistischen Studenten-Bewegung. Im Jahre 1936 wurde er zum Reichsstudentenführer ernannt. In dieser Eigenschaft leitete er nicht nur den Nationalsozialistischen Deutschen Studentenbund und die Deutsche Studentenschaft, sondern auch das Reichsstudentenwerk und das soziale Hilfswerk der Deutschen Hoch- und Fachschulen. Im Februar 1944 übernahm er die Präsidentschaft des Deutschen Studentenwerkes für Ausländer, nachdem ihm bereits vorher der Deutsche Akademische Austauschdienst unterstellt worden war. In der Partei bekleidete Dr. Gustav Scheel die Ämter eines Gauamts-, Hauptamts- und Reichsamtsleiters. Im Jahre 1941 wurde er zum Gauleiter und Reichsstatthalter von Salzburg ernannt.
In der SS, welcher Dr. Gustav Scheel seit 1. September 1934 angehörte, erreichte er den Rang eines SS-Obergruppenführers. Er war dem SD-Hauptamt zugeteilt und übte 1941 die Funktion eines höheren SS- und Polizeiführers im SS-Oberabschnitt Alpenland aus. Im November des gleichen Jahres wurde er dieser

Stellung enthoben, behielt aber indessen sein Amt als Inspektor der Sicherheitspolizei und des SD in München bei. Schließlich gehörte Dr. Gustav Scheel von 1930–1934 auch der SA an, zuletzt als SA-Sturmführer.
2. Am 7. Mai 1953 sah sich die Schweizerische Bundesanwaltschaft aus Sicherheitsgründen veranlaßt, über Dr. Gustav Scheel eine unbefristete Einreisesperre zu verhängen.
3. Im Rekurs führt Dr. Gustav Scheel im wesentlichen aus, er habe vorläufig durchaus nicht die Absicht, die Schweiz zu betreten, und er verstehe deshalb nicht, weshalb die angefochtene Verfügung erlassen worden sei. Er bedaure dieses Vorgehen außerordentlich, da er dieses Land anläßlich von Verwandtenbesuchen schätzen gelernt habe. Er glaube sogar, in seiner früheren Dienststellung Beiträge zu einem besseren Einvernehmen mit der Schweiz geleistet zu haben. Die Einreisesperre beruhe offensichtlich auf falschen Pressemitteilungen, und es dürfte auch den schweizerischen Behörden bekannt sein, daß er inzwischen aus der Haft entlassen worden sei, da kein Tatverdacht vorgelegen habe. Die Einreisesperre bedeute deshalb eine Diffamierung seiner Person.
4. Die Schweizerische Bundesanwaltschaft, welcher der Rekurs zur Stellungnahme unterbreitet worden ist, beantragt die Abweisung desselben.

Darüber zieht das Departement in Erwägung:

5. Der Bundesrat hat die Bundesanwaltschaft, gestützt auf Art. 70 der schweizerischen Bundesverfassung und Art. 31, Ziff. III, al. 3 des Bundesgesetzes über die Organisation der Bundesverwaltung vom 26. März 1914, ermächtigt, über Ausländer, deren Anwesenheit aus politisch-polizeilichen Gründen unerwünscht ist, die Einreisesperre zu verhängen.
6. Die Einreisesperre ist eine administrative Fernhalte- und Kontrollmaßnahme, welche bewirkt, daß der betroffene Ausländer nur ausnahmsweise – beim Vorliegen wichtiger Gründe und mit ausdrücklicher Bewilligung der verfügenden Behörde – in die Schweiz einreisen darf.
7. Gemäß konstanter Praxis werden ehemalige Nationalsozialisten, welche innerhalb der NSDAP oder ihrer Gliederungen, in der SS

oder im SD bedeutende Funktionen innehatten und somit als Träger des Nationalsozialismus dessen Ziele und Bestrebungen unterstützt und gefördert haben, als unerwünschte Ausländer betrachtet, die aus Sicherheitsgründen von der Schweiz fernzuhalten sind.
8. Der Rekurrent hat in der NSDAP und ihren Gliederungen, der SS und dem SD wichtige Ämter bekleidet, die ein besonderes Vertrauen der nationalsozialistischen Führerschaft voraussetzten. Als Reichsstudentenführer, Gauleiter, Reichsamtsleiter, Reichsstatthalter, SS-Obergruppenführer usw. übte er hohe und höchste Funktionen aus, die ihn zweifellos als Träger des Nationalsozialismus erscheinen lassen. Aber auch nach dem Zusammenbruch des Dritten Reiches betätigte er sich wiederum aktiv in rechtsextremistischen Kreisen, so daß er vorübergehend verhaftet werden mußte. Im Bestreben, politische Extremisten jeder Richtung aus Sicherheitsgründen von der Schweiz fernzuhalten, wird jeweilen über solche Ausländer die Einreisesperre verhängt. Im übrigen müssen sich die zuständigen schweizerischen Behörden ausdrücklich vorbehalten, nach rein schweizerischen Gesichtspunkten zu beurteilen, ob die Anwesenheit eines Ausländers aus politisch-polizeilichen Gründen erwünscht und tragbar ist.
9. Aus den vorstehenden Ausführungen ergibt sich, daß die Schweizerische Bundesanwaltschaft mit der Verhängung einer unbefristeten Einreisesperre weder Bundesrecht verletzt noch den Sachverhalt unrichtig oder unvollständig festgestellt hat. Ihre Verfügung ist außerdem angemessen (Art. 23 bis des Bundesgesetzes über die Organisation der Bundesverwaltung vom 26. März 1914) und ist somit zu bestätigen.

Aus diesen Gründen hat das Departement entschieden:

1. Der Rekurs wird abgewiesen.
2. Dr. Gustav Scheel ist die Einreise in die Schweiz ohne ausdrückliche Bewilligung der Schweizerischen Bundesanwaltschaft untersagt.
3. Auf die Erhebung von Gebühren wird verzichtet.

4. *Mitteilung an:*
   a) Herrn Dr. med Gustav Adolf Scheel, An der Alster 25, Hamburg, durch Vermittlung des Schweizerischen Konsulats Hamburg;
   b) Schweizerisches Konsulat Hamburg;
   c) Schweizerische Bundesanwaltschaft mit ihren Akten;

EIDGENOESSISCHES
JUSTIZ- UND POLIZEIDEPARTEMENT

Eigenmaterial Partei-Kanzlei
Zusammenstellung und Fassung
II P

Lebenslauf des Gauleiters Dr. Gustav Adolf Scheel

Gauleiter Dr. Gustav Adolf Scheel wurde am 22. November 1907 in Rosenberg/Baden geboren. Schon früh gehörte er der völkischen Jugendbewegung an. Seit 1929 betätigte er sich aktiv in der Partei. 1930 wurde er nationalsozialistischer Studentenführer, später Gaustudentenführer und Gauamtsleiter der NSDAP in Baden. Er spielte eine führende Rolle im Kampf gegen den Liberalismus und das Judentum an den deutschen Hochschulen. Sein Studium beschloß er mit dem medizinischen Staatsexamen. Am 6. November 1936 wurde er zum Reichsstudentenführer ernannt.

Bei seiner Ernennung zum Reichsstudentenführer sah er sich vor die Aufgabe gestellt, das deutsche Studententum durch eine neue große Zielsetzung auf nationalsozialistischer Grundlage geistig und sittlich zu erneuern, um so die deutsche Studentenschaft unter Führung des NSD-Studentenbundes zur Gesinnungsgemeinschaft aller deutschen Studenten zu formen. Um dieser Aufgabe gerecht zu werden, ergriff der Reichsstudentenführer zunächst die notwendigen organisatorischen Maßnahmen, die das Nebeneinander der Vergangenheit überwanden. Er schuf durch die führungsmäßige Zusammenfassung des NSD-Studentenbundes und der deutschen Studentenschaft, sowie durch den Ausbau der NS-Studentenkampfhilfe zum Altherrenbund der deutschen Studenten die Basis, auf der sich alle studentischen Kräfte sammeln und finden konnten und legte damit auch den Grundstein zu einer studentischen Bewegung, die durch ihre Aktivität innerhalb der großen nationalsozialistischen Bewegung einer der einsatzfähigsten Faktoren im Kampf um unsere Weltanschauung werden wird. Durch die vom Reichsstudentenführer erzielte Erhebung des NSD-Studentenbundes zum Hauptamt der Partei kam nicht nur die selbstverständliche Einordnung der studentischen Arbeit in die nationalsozialistische Bewegung zum Ausdruck, sondern auch die große Bedeutung, die die NSDAP der Aufgabe des Reichsstudentenführers beimißt. Diese Aufgabe besteht in der Erziehung des deutschen Studenten zum starken und tüchtigen, ehrbewußten und charaktervollen deutschen Mann, der bereit ist, zum selbstlosen Dienst an Volk und Staat.

Nicht zuletzt war es Gauleiter Dr. Scheel, der den Wert und die Leistungsfähigkeit der deutschen Hochschule für die großen völkischen Aufgaben erkannte und deshalb der studentischen Wissenschaftsarbeit im Rahmen der Fachgruppen neue Zielsetzung gab.

Gauleiter Dr. Scheel ist Mitglied der NSDAP seit 1. 12. 1930 mit der Mitgliednummer 391 271, Träger des Goldenen Ehrenzeichens seit 30. 1. 1939 und Mitglied des deutschen Reichstages.

Am 18. November 1941 ernannte ihn der Führer zum Gauleiter des Gaues Salzburg.

Durch den 4. Erlaß des Führers zur Vorbereitung des deutschen Wohnungsbaues nach dem Krieg vom 15. 11. 1940, Ziffer 11, ist Gauleiter Dr. Scheel zum Gauwohnungskommissar seines Gaues bestellt. Laut Anordnung I des Generalbevollmächtigten für den Arbeitseinsatz über die Einsetzung der Gauleiter zu Bevollmächtigten für den Arbeitseinsatz in den Gauen vom 6. April 1942 ist er ebenfalls Bevollmächtigter für den Arbeitseinsatz in seinem Gau.

Seit November 1942 ist Gauleiter Dr. Scheel als Reichsverteidigungskommissar eingesetzt.

München, den 27. Mai 1943

Personenverzeichnis

Adenauer, Konrad 74
Ansermet, Ernest 52

Baumgartner, Josef 77
Bergmüller, 41
Benedikt, 51
Bergler, 51
Böhm, Karl 52
Bormann, Martin 54
Bornemann, Friedrich 74
Bouhler, Philipp 57

Dengler, 51
Derichsweiler, 23, 26
Dönitz, Karl 48, 73

Endemann, 10

Fischer, Edwin 52
Fischer, Fritz 48
Frauenfeld, Eugen 73
Frick, Wilhelm 21
Furtwängler, Wilhelm 52

Gmelin, 57
Goldschmidt, 13
Grasmayr, 57
Grün, 51
Gumbel, Emil 10, 20
Gundolf, Friedrich 11

Hangler, 57
Hansel, 57
Haselmayer, Heinrich 73, 74
Haslauer, 76
Hedin, Sven 52
Hellpach, Willy 28
Heß, Rudolf 21, 23
Heydrich, Reinhard 41, 47, 48
Himmler, Heinrich 51, 79
Hitler, Adolf 18, 19, 21, 23, 35, 54, 56, 59, 60, 63
Hoch, 51
Höhn, Reinhard 15, 79

Hoops, 10, 12
Horthy, Nikolaus 56
Huber, Gertrude 51

Jaspers, Karl 13, 28

Kaufmann, Karl 73
Kempner, Robert 69
Kesselring, Albert 59
Kraupner, 57
Krauß, Clemens 52
Krehl, Ludolf von 10
Krieck, Ernst 15
Krüger, Gerhard 15
Künsberg, Eberhard 13
Kury, 51

Laue, Wolfgang 51
Ledochowski, 51
Leinen, 19
Leitner, Walter 76
Lepperdinger, Hans 66
Lienau, Walter 16
Ley, Robert 19, 49, 50, 51, 54, 79
Lotze, Elisabeth 16

Maurer, Charles 47
Morell, Theodor 54

Naumann, Werner 73, 74
Neumayr, Anton 51, 56, 57

Pflanzl, 57

Radbruch, Gustav 28
Rainer, Friedrich 48, 49, 52, 67
Ringel, Julius 66, 67
Rohracher, Andreas 56, 67
Rosenberg, Alfred 19, 79

Schäfer, 52
Scharping, Karl 73, 74
Schirach, Baldur von 19, 22, 79
Schmitthenner, 13

Schneiderhan, Wolfgang 52
Schurmann, 12
Schwarz, Franz X. 27, 36
Seubert, 56
Siepen, Heinz 73
Spatzenegger, Hans 67
Stahlecker, 41
Strasser, Gregor 78
Strauß, Richard 52
Streicher, Julius 48

Tempel, Wilhelm 19
Terboven, Josef 35
Thielicke, Helmut 13

Thierack, Otto 51, 54, 57, 79

Wächtler, Fritz 59
Wagemann, 10
Wagner, Adolf 23, 47
Wagner, Gerhard 22
Wagner, Josef 59
Wagner, Robert 47
Waldberg, 13
Walz, Heinz 28
Weber, Alfred 28

Zeppezauer, Oskar 57
Zimmermann, Paul 73, 74